업무 속도를 극한까지 올리는
스피드 사고의 힘

1등의 속도

업무 속도를 극한까지 올리는
스피드 사고의 힘

1등의 속도

아카바 유지 지음 | 이진원 옮김

SPEED

스피드 업을 위한 방법 모두 공개

나는 이전에 출간한 책에서 머리에 떠오르는 모든 생각을 A4 용지에 메모하다 보면 모호한 점들이 사라져 머리가 점차 정리되고 궁극적으로는 아주 짧은 순간에 결론을 내릴 수 있게 된다고 설명했다. 이렇게 매일 10장씩 메모를 계속해나간다면 놀랄 정도로 머릿속이 시원하게 정리될 것이다. 또한 우선순위가 명확해져 일 처리 속도가 향상되는 경험을 할 수 있으리라 본다.

  나 역시 컨설팅 전문회사 맥킨지(McKinsey)에 입사한 이후 14년 동안 '메모 쓰기'를 비롯한 각종 노하우를 축적하여 이전 직장 고마쓰에 다닐 때와는 비교도 안 될 만큼 업무 처리 속도가 향상되었다. 맥킨지를 나와 파트너와 공동으로 창업한 브레이크스루 파트너스(BreakThrough Partners)에서는 새로운 시도를 계속하여 업무 처리 속도를 더욱 향상시켰다.

무엇을 해야 하고 무엇을 하지 말아야 할까? 만약 한다면 어떤 순서로 해야 할까? 각각 해야 할 일의 속도는 어떻게 올려야 할까? 이런 고민들을 계속하고 문제를 개선해온 끝에 이제는 일이 늘어도 큰 어려움 없이 침착하게 대응할 수 있게 되었다.

맥킨지에서는 부하직원이 수십 명, 경우에 따라서는 클라이언트(기업 고객)의 팀원이 수백 명이었지만 브레이크스루 파트너스에서는 거의 모든 일을 혼자서 처리해야 했다. '필요는 발명의 어머니'란 말이 나의 상황에 꼭 들어맞을 것이다.

결과적으로 현재는 하나 이상의 대기업 경영 개혁을 진행하면서 동시에 10여 개 이상의 벤처기업 경영을 지원하고 있다. 블로그에 주 2회 글을 올리고, 연간 50회 이상의 강연과 워크숍도 소화해내고 있다. 이런 바쁜 일정 속에도 업무회의할 때를 제외하고는 대부분의 메일에 받은 지 5분 안에 답장을 보낸다. 상대방이 종종 놀라기도 한다.

이 책에서는 이처럼 어마어마한 업무량을 빠르게 처리할 수 있게 돕는 업무 방법을 가능한 한 모두 공개한다. 속도 향상을 위해 가져야 할 기본적인 사고방식에서부터 구체적인 방법론에 이르기까지 상세하게 설명하므로 누구나 쉽게 따라 하고 실천할 수 있다. 방법을 하나하나 보다 보면 몇몇 개는 이미 알고 있다거나 해볼 필요가 없다고 생각할 수도 있다. 하지만 단순한 방법도 축적되면 큰 힘이 된다. 사람에 따라서는 한 가지 노하우만 제대로 실천해도 일 처리 속도가 극적으로 빨라지는 경우도 있다.

만약 실천하기 어려운 부분이 있거나 궁금한 점이 있을 때 내게 이메일을 보내면 바로 답변하도록 하겠다(akaba@b-t-partners.com). 한 사람 한 사람 모두가 변화를 느낄 수 있다면 더할 나위 없이 기쁠 것이다.

매일 10장씩 메모를 하면서 이 책에서 설명해둔, 업무 처리 속도를 향상시키기 위한 모든 방법을 실천한다면 호랑이의 등에 날개를 단 것이나 다름 없다.

'속도'와 '신속성'의 정의에 대해

그런데 주의사항이 있다. 가장 먼저 업무 스피드를 생각할 때 반드시 필요한 단어 '속도'와 '신속성'의 정의에 관한 것이다.

여기서 '속도'는 일하는 스피드를 말한다. 영어로 말하면 'fast'에 속한다. 어느 정도의 속도로 과제를 파악하고 해결하여 성과를 낼 것인가 하는 시간당 생산성이다. 빠르면 빠를수록, 예컨대 서류를 작성하는 시간, 회의 시간, 무언가를 완수하는 시간을 단축할수록 성과를 낼 수 있다.

결과적으로는 그 이외의 하고 싶은 일, 좀 더 해야 할 일에 손을 댈 수 있어 선순환에 속도가 붙게 된다. 이런 이유로 나는 '속도'를 매우 중시해왔다.

일을 조금이라도 빨리 할 수 있도록 이메일 작성법, 이메일 교환 형식, 서류 작성법, 재이용 방법, 회의 방식 등 무수한 방안을 축적해왔다. 고마쓰에서 엔지니어로 있을 때의 업무 스피드를 1이라 치면 맥킨지에서의 스피드는 3~5배 이상 빨랐다. 이 책에서 소개하는 방법을 익히고 난 뒤에는 더욱 빨라진 것을 체감하고 있다. 업무 시간 자체는 고마쓰 때부터 거의 변함이 없지만 한정된 시간 속에서 해내는 일의 질과 양은 계속 향상되고 있다.

'신속성'은 아침 일찍 일어나기 등 시간의 빠르기를 의미한다. 영어로 말하면 'early'에 속한다. 스피드가 같아도 일찍 시작하면 대부분은 일정을 앞당겨 준비할 수 있으므로 불필요한 시간을 허비하지 않게 된다.

따라서 나는 스피드 향상과 병행하여 가능한 한 '신속성'에도 많은 신경을 쓴다. 그 결과 미리 손을 써서 사전 준비를 할 수 있으므로 시간 낭비를 줄여 좀 더 쉽게 선순환에 들게 되었다.

제3장에서 더 자세히 설명하겠지만 '선순환'이라는 말은 중요한 키워드다. 나는 일이나 사생활에서 '어떻게 선순환을 불러올 것인가?' '어떻게 선순환을 더욱 가속할 것인가?'에 항상 깊은 관심을 갖고 있다. '선순환'은 결코 우연히 시작되지 않는다. 의식적으로 만들어지는 것이다. '어쩌다 선순환에 오르는 행운'은 없다. 하지만 노력하고 의식하여 사전에 대책을 마련하다 보면 선순환 모드로 전환될 확률이 매우 높다.

나는 지금까지 말한 것처럼 '얼마나 신속하게 일을 추진할 수 있을까?' '얼마나 빨리 일에 착수하여 빨리 끝낼 수 있을까?' 이 두 가지를 항상 의식하며 일을 진행한다. 이 책은 '속도'에 초점을 맞추었기 때문에 제목에서도 '속도'를 강조했다. 또한 본문 속에서도 '신속성'의 의미를 담아 '속

도'나 '스피드'라는 말을 종종 사용하고 있다. 이 점에 대해
독자 여러분의 양해를 구하고 싶다.

차 례

SPEED

1장

왜
나의 일은
항상
늦어지는가

직장인의 생산성이 낮은
이유는 무엇일까?

직장인의 생산성은 정말로 낮을까?

세계를 기준으로 보았을 때 일본이나 한국 직장인들의 생산성이 매우 낮다고들 한다. 나의 경험에 비춰보아도 부정할 수 없는 말이다. 업무에 관해 잠깐만 이야기를 나누어봐도 개선해야 할 사항을 쉽게 찾을 수 있을 정도다.

해외 상황과 수치를 비교하는 것은 경영학자들에게 맡기기로 하고, 여기에서는 기업 내 업무 실태를 살펴보기로 하겠다. 우리 주변에서는 다음과 같은 모습을 어렵지 않게 목격할 수 있다.

- 회의가 많고 길다.
- 회의 참석자가 많다. 아무 발언도 하지 않는 참석자도 다수 있다.
- 회의에서의 반려와 재심의가 많다.
- 회의실 밖에서도 장황하게 이야기를 늘어놓거나 협의하는 일이 많다.
- 안건별로 방대한 분량의 서류 작성을 요구한다. 재작성하는 경우도 많다.
- 상사의 지시가 애매한 데 비해 기대가 크고 여러 차례 서류를 재작성하라는 지시를 내린다.
- 업무의 달성 목표가 애매한 경우가 많고 해결에 많은 시간을 소모한다.
- 상사가 퇴근할 때까지 퇴근하지 못하는 직장이 많아, 일을 단시간에 끝내려 하지 않거나 끝내지 못한다.
- 정시 개념이 약하여 그때까지 일을 마치려는 의식이 부족하다.
- 서비스 잔업이 많아 한가롭게 일한다.

대기업이나 중소기업 또는 스피드가 생명인 벤처기업조

차도 회의가 많고 장시간 이어질뿐더러 진행이 늘어지는 경우를 자주 볼 수 있다. 논점을 명확히 하여 결론을 빠르게 내리려 노력하기보다는 일단 시간을 충분히 써서 논의하려 한다. 장시간에 걸친 논의에서 유용한 내용이 오가고 서로의 식견이 한층 더 깊어지면 좋겠지만, 현실에서는 책임 회피를 위한 시간 죽이기, 우유부단함 등으로 인해 쓸데없이 긴 논의가 아무렇지 않게 이루어지고 있다.

회의가 아닌 업무 중에도 상사에게 불려가는 경우는 빈번히 발생한다. 그런데 업무에 관한 구체적인 지시가 아닌 상사의 과거 이야기나 자랑 혹은 잔소리에 대응해야 하는 경우가 많다. 또 상사뿐 아니라 선배나 동료 모두 시간비용이라는 개념 없이 논의를 이어갈 때가 많다. 게다가 그 논의에 참여하지 않으면 '인간관계가 나쁜 녀석'이 되어버린다.

서비스 잔업은 계약사회인 유럽과 미국에서는 있을 수 없는 일이다. 하지만 일본이나 한국의 상당수 회사에서는 서비스 잔업을 하며 상사가 남아 있는 동안은 퇴근하지 않는 것을 미덕으로 여기고 있다. 이런 분위기를 무시하고 퇴근이라도 할라 치면 '요즘 젊은 녀석들이란' 하고 찍히기도 한다. 상사가 사무실을 나간 직후에 팀 전원이 서둘러 귀가 준비를 시작하는 것을 대체 어떻게 받아들여야 할까? 무슨 일이 있어도 그날 안으로 끝내야 하는 일이라면 당연히 상사와 상관없이 마무리하는 게 맞다. 하지만 서비스 잔업은 애초에 빠르게 일을 진행시켜 끝마치려는 자세와는 정반대의 것이다.

직장인의 생산성을 저하시키는 3대 요인

직장인의 생산성이 낮은 이유는 무엇일까? 나의 가설은 다음과 같다.

기업의 규모가 커지면 기획, 인사, 경리, 재무, 구매, 품질 관리, 고객 대응, 홍보 등의 업무도 점점 증가한다. 그 늘어난 일을 수행하기 위해 직원을 증원하고, 경쟁력을 높여 사업을 성장시키고 이익률을 올린다. 이 얼마나 멋진 일인가.

하지만 그와 동시에 조정을 위한 회의, 공유를 위한 회의, 그것을 위한 서류 작성, 작성한 서류를 발표하기 위한 회의, 회의 전의 사전교섭, 사전교섭 전의 준비 미팅 등 '반드시 수익으로 이어진다고 보장할 수 없는 시간'의 증가에 가속도가 붙는다.

어떤 나라, 어느 기업에서나 많든 적든 볼 수 있는 일이지만 일본과 한국 기업에서는 특히 더 많은 상황이지 않을까?

각 부서나 부문의 장이 혼자서 결정하지 못한 사안을 부하직원과 협의하고 부하의 낯을 세워준 뒤에 다시 한 번 부서, 부문장 사이에서 조정한다. 그다음 그 안을 다시 가지고 돌아가 부하직원들의 합의를 얻어 조정한 뒤에 이번에는 사장이 참석하는 어전회의에서 보고하는 일련의 과정들이 계속해서 이어진다. 만일 반려되기라도 하면 이 모든 과정을 처음부터 다시 반복해야 한다.

직장인의 생산성을 낮추는 3대 요인은 '스스로 결정하고 추진하지 못하는 많은 경영자와 부문장' '부문 안팎의 조정에 이은 조정' '방대하게 과잉 작성되는 서류'다.

그중 가장 심각한 근본적인 요인은 '스스로 결정하고 추진하지 못하는 경영자와 부문장'이다. 고도 성장기에서 물건이 날개 돋친 듯 팔릴 때는 눈에 띄지 않았던 이 약점이 지금에 와서 발목을 잡고 있는 것이다. 스스로 빠르게 결정하고 추진한다면 '부문 안팎의 조정에 이은 조정'도, '그에 따르는 방대하게 과잉으로 작성되는 서류'도 필요 없다.

'스스로 결정하고 추진한다'를 한마디로 말하면 '일을 할 수 있다'다. 다시 말해 자신감 있는 경영자 혹은 상사가 매우 적다는 말이기도 하다. 이것은 일부 부문장에 한정된 이야기가 아니라 과거 수십 년간 사장과 경영간부들에게서 보이는 문제다. 그렇지 않다면 일본의 제조기업 대부분의 실적이 고도성장기 이후 이렇게까지 악화되어 시가총액에서 미국 기업과 압도적인 차이가 벌어진 현상이 잘 설명되지 않는다.

1980년대 이후, 사업의 성공 요인이 크게 변화했다. 하드웨어만으로는 계속해서 큰 이익을 올리기 어려워졌고 반면 소프트웨어나 서비스의 중요성이 크게 증가했다. 시스코, 오라클, 마이크로소프트, 구글, 애플 등이 급성장하고 IBM, GE 등이 경영의 방향을 크게 바꿨다(예컨대 IBM은 2005년에 PC 부문을 매각했다).

또한 다수의 고객, 유저를 플랫폼화하고, 나아가 많은 개발자와 공급자에게 비즈니스의 장을 제공하며 그들에게 수입의 30~40%를 징수하는 모델도 광범위하게 보급되었다. 아이폰, 안드로이드 휴대전화, 페이스북 등이 그 모델이다.

이러한 모든 영역에서 일본 기업들의 대응은 너무나 늦었다. 계속 앞으로 나아가는 미국 기업의 새로운 전략을 깨닫지 못했고, 막상 알아차린 뒤에도 경영자와 부문장들은 과감하게 의사결정을 내리지 못했다. 그 때문에 필요한 방향 전환을 하지 못하여 실적은 점점 악화되고, 직장인의 생산성 저하에도 칼을 대지 못했다. 오히려 좀처럼 행동으로 옮기지 못하는, 혹은 옮긴다 해도 실적 악화를 막지 못하는 환경 속에서 생산성 낮은 회의가 증가해 소극적인 논의나 서류 작성에 방대한 시간을 허비하게 되었다고 진단할 수 있다.

생산성 향상에는 '속도'가 열쇠다

일부 초우량 기업을 제외한 많은 회사들이 방향성을 결정하는 경영자나 부문장에게 문제가 많아 생산성이 저하되고 있다. 하지만 그 해결책은 일단 차치하기로 한다. 이 본질적인 문제에 대해서는 조속히 기업이 대응해야 하며, 동시에 개인으로서는 '부문 안팎의 조정에 이은 조정'과 '그에 따른 방대하게 많이 작성되는 서류'에 대응해 생산성을 높일 수밖에 없다.

생산성이 높다는 것은 짧은 시간 내에 큰 성과를 올릴 수 있다는 뜻이다. 며칠에 걸쳐 겨우 완성하는 기획서를 몇 배나 빠르게 작성해야 하고 내용의 질도 우수해야 한다. 상사의 합의를 바로 얻고 사내 승인 과정을 조속히 통과하여 바로 실행에 옮길 수 있을 정도의 기획서를 내놓아야 한다.

예컨대 이 같은 기획서를 작성하려면, 아래와 같이 핵심을 파악해 각각을 신속한 동시에 완성도 높게 진행해야 한다.

① 무엇을 쓰고 어떻게 전달해야 할지 전체상을 명확하게 파악한다.

② 고객의 요구와 경쟁상황, 업계동향을 반영해 설득력 있는 문장을 쓴다.

③ 사내 의사 결정 과정을 충분히 인지하여 통과하기 용이한 형식을 갖춰 효과적으로 표현한다.

④ 내용 확인 및 각 부서와의 조정을 빠르게 한다.

⑤ 상사나 임원 등의 기대를 뛰어넘는 제안을 한다.

어느 정도 경험이 필요한 질적 개선은 짧은 기간 안에 이뤄지기 어렵지만, 스피드는 어떻게 대처하느냐에 따라 얼마든지 향상시킬 수 있다. 속도가 향상되면 원인 분석 툴인 PDCA(Plan – Do – Check – Act) 사이클을 여러 번 빠르게 실행할 수 있어 익숙하지 않은 상태에서도 질을 향상시킬 수 있다. 신속히 완성하여 시간적 여유가 생기면 문장을 다듬거나 피드백을 받을 수 있으며 추가 조사도 가능하다.

스피드를 향상시키면서, ①~⑤를 정확하게 실행하면 자연스럽게 다른 사람보다 몇 배나 빨리 기획서를 완성할 수 있게 되며 자연스레 모든 것이 선순환의 궤도에 오른다.

반면 지나치게 질적 완성도에 집착하면 제한 시간까지 마치기가 어렵고, 여유롭게 PDCA 사이클을 돌릴 수 없게 되어 애쓴 것에 비해 본전을 찾기 어려워진다. 한번 악순환이 시작되면 좀처럼 빠져나오기 어려우므로 주의해야 한다.

물론 예외는 있지만, 직장인의 업무는 스피드가 열쇠다.

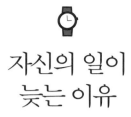

자신의 일이
늦는 이유

업무를 처리하는 데 스피드가 중요하다는 사실을 알면서도 실제로는 많은 사람들이 업무 지연으로 힘들어한다. 그 이유를 여기서 정리해보자. 해결 방법에 관해서는 3장 이후에 본격적으로 설명하도록 하겠다.

바로 시작하지 못한다

업무가 늦는 이유 중 상당 부분은 사실 '일을 바로 시작하지 않기 때문'이다. 코앞의 일에 매달리느라 정말 중요한 일은 시작을 못하거나, 이런저런 이유를 대며 시작을 미룬다. 유감이지만 나 역시 이 문제를 극복하지 못하고 있다. 긴급을 요할 때나 정말로 급할 때는 바로 대응하기도 하지만 그렇지 않을 때는 좀 더 눈앞에 있는 일에 매달린다. 사실은 그렇게까지 중요하지 않거나 누군가에게 의뢰받아 살짝 급하게 느껴지는 일들 말이다. 정말 중요하고 꼭 해야 하는 일은 내일로 미루곤 한다.

한번 우선순위에서 밀려나기 시작하면 '늦었으니까 좀 더 제대로 해야 한다'는 생각에 더 늦추게 된다. 늦어진 만큼을 만회하여 좀 더 좋은 결과물을 내려고 마음먹는다. 하지만 이런 생각은 큰 오산이다. 늦어진 단계에서 업무의 질적 완성도까지 높이기란 지극히 어려운 일이다. 다른 일도 무한정 늦출 수 있는 것이 아니므로 충분한 시간을 할애할 수 없게 된다. 늦은 만큼 질로 만회하기란 무리해서라도 서둘러 시작하는 것보다 몇 배나 힘들고 고생스럽다.

또한 늦기 시작하면 '이젠 나도 모르겠다. 손을 못 대겠어'라는 자포자기의 심정이 되어 일을 질질 끌게 된다. 일이 한 번 지연되거나 뒷전으로 밀리기만 해도 악순환이 시작된다. 결국 스트레스가 쌓이고 전체적인 업무의 스피드에도 영향을 주기 시작한다.

해야 할 일에 집중하지 못한다

막상 일을 바로 시작했다고 해도 다른 일에 신경 쓰거나 상사나 부하직원, 동료, 고객 등이 의뢰한 일을 처리하느라 제대로 집중하지 못하는 경우도 매우 많다. 무언가에 집중하면 당연히 나머지 일에는 소홀할 수밖에 없다. 그래서 정작 시작한 일을 뒷전으로 미루게 된다. 성실하고 근면한 사람일수록 이런 오류에 빠지기 쉽다. 대충하는 상황을 용납하지 못하고 한 건 한 건 모두 완벽하게 처리하려 한다. 하지만 이런 처리 방식은 정작 중요한 일을 마무리하지 못하게 만들 뿐 아니라 생산성마저 떨어뜨려 업무가 계속 쌓여가는 악순환을 불러온다. 중요한 일이 점점 뒷전으로 밀리고 처리해야 할 일은 증가해 수급 불균형이 발생하는 것이다.

일일이 대응하고 싶은 마음이나 그 순간의 복잡한 분위기에 휩쓸리지 말아야 한다. 마음을 다잡고 지금 가장 중요하다고 판단한 과제부터 처리해야 한다. 물론 어려운 일이

다. 나도 마찬가지지만 대부분의 사람들은 한 가지 일에 집
중을 하지 못하고 쉽게 악순환에 빠져든다.

순서가 뒤죽박죽, 질질 끌려다닌다

비교적 일을 바로 시작하고 집중한다고 해도 진행 순서가
올바르지 않으면 업무를 졸속으로 처리하게 된다. 사전에
예비조사를 하여 정보를 입수하거나 회의장을 잡아놓거나
팀원을 확보해두는 등 본격적으로 업무에 착수하기 전 해야
할 일들이 있는데 그때그때 상황에 쫓겨 행동하다 보면 결
과적으로 몇 주 혹은 몇 개월의 시간을 잃어버린다.

　그 원인은 아마도 상상력과 예측력이 부족하기 때문일
것이다. 모든 일은 언제까지 무엇을 할지, 이를 잘 처리하기
위해서는 언제까지 무엇을 준비해두어야 할지, 누구에게 무
엇을, 언제까지 의뢰해야 할지를 생각하면서 진행해야 한
다. 예컨대 요리에 비유할 수 있다. 여러 가지 음식을 적당
한 온도로 보기 좋게 차려내려면 조리에 시간이 걸리는 재
료부터 먼저 삶아두거나 소금에 절여두는 등 밑손질을 해두

고 순서를 잘 생각하며 조리해야 한다.

　업무를 처리하는 순서가 뒤죽박죽이면 앞으로 나아가기 위해 필요한 단계를 차근차근 밟을 수 없다. 결국 단계마다 대기하는 일이 발생해 악순환에 빠져들고 계속해서 이리저리 일에 끌려다니게 된다.

우유부단하고 망설인다

일이 늦는 이유 중 하나로, 우유부단함을 꼽을 수 있다. 우유부단이란 순간순간 결정을 내리고 행동으로 옮기지 못하고 주저하는 마음이다. 망설이고 또 망설인다. 이러면 예비 고객에게 어떤 제안을 해야 할지, 다음 분기 목표를 얼마로 해야 할지, 성과를 내기는 하는데 부하직원들에게 평판이 나쁜 팀장을 어떻게 해야 할지 등등 신속하게 정보를 모아 판단하고 행동해야 할 순간에 아무 결정도 내리지 못한다.

　우유부단하게 행동하는 이유는 다음과 같다.

■ 자신의 판단에 자신감이 없어 밀어붙이지 못한다.

- 아무리 많은 정보를 모아도 의사결정을 내리지 못한다.
- 일단 자신의 의견은 있지만 반대 의견이 나왔을 때 대처를 하지 못한다.

자신의 판단을 믿지 못하는 이유는 무엇일까? 과거 실패했던 경험에서 벗어나지 못하는 사람, 맡은 일에 대한 지식과 경험이 부족함을 지나치게 의식하는 사람은 일을 결정하지도 실행하지도 못한다. 결국 행동을 미루기 때문에 일의 완벽성이나 질이 향상되지 않을뿐더러 시간을 낭비하게 된다.

아무리 많은 정보를 모아도 의사결정을 못하면 언제까지 무엇을 결정하고 무엇을 해야 하는지에 대한 목적의식과 절박감이 없어 단순히 정보만 모으고 행동은 뒤로 미루게 된다. 정보란 오른쪽으로 갈지, 왼쪽으로 갈지를 결정하기 위한 단순한 수단일 뿐인데 정보 수집이 목적이 되고 만다. 문제는 이런 정보 수집만으로도 일을 했다는 기분을 느낀다는 것이다.

한편, 자신의 일에 반대의견이 나오는 순간 어찌할 바를 몰라 하는 사람도 있다. 이 경우는 자신의 의견에 자신감이 없기 이전에, 일에 관한 전체상 또는 과거의 경위, 이번 일의 배경 등을 정확하게 파악하지 못했기 때문이다. 그리고 스스로도 그 점을 잘 알고 있기 때문에 주눅이 들어버리는 것이다. 요컨대 제대로 검토하지 않고 '이게 맞겠지, 이렇게 하자'라고 결정했기 때문에 반대의견에 대해 적극적으로 반박하지 못한다. 이런 사람은 양쪽 의견의 좋은 점만을 선별하여 새로운 아이디어로 정리하지도 못한다. 결과적으로 우유부단해지고 일의 스피드가 전혀 개선되지 않는다.

서류와 자료 작성에 시간이 걸린다

업무가 늦는 이유는 여러 가지가 있지만 그중에서도 서류와 자료 작성에 너무 많은 시간을 쓴다는 점을 첫째로 꼽을 수 있다.

일단 서류와 자료 작성을 시작하기 전까지 이런저런 고민을 한다. 상사의 얼굴도 아른거린다. 조사가 완벽하지 않으면 불안해 제대로 작성하지 못한다. 모처럼 완성했어도 몇 번이나 수정을 거친다. 그대로 괜찮은지 알 수 없어 계속 불안을 느낀다.

대부분의 상사는 무엇을 원하는지 명확하게 말해주지 않는다. 늘 그렇듯 아마 상사 자신도 어떤 서류를 원하는지, 중요한 것이 무엇인지 잘 모르고 있을 가능성이 높다. 나조차도 상사가 자신의 요구사항을 적확하게, 애매함 없이 전달하는 경우는 거의 본 적이 없다.

더 나쁜 상황은 상사의 말(했다고 생각되는)대로 서류를 작성했는데 '이게 아니잖아. 이런 말은 한 적이 없는데?'라거나 지시를 정확하게 하지 않았음에도 불구하고 '센스가 없군. 하나에서 열까지 말해주지 않으면 모르나?' '○○은 이 정도 말하면 알아서 척척 처리했는데' 등의 말을 듣는 것이다. 주문대로 작성을 한다 해도 뒤늦게 수정을 요구하는 경우도 잦다.

서류와 자료 작성에 시간이 걸리는 것은 상사 탓만은 아니다. 상사에게 무엇을 지시받았는지 잘 모른다거나 어차피 또 꾸중을 들으리란 생각에 작성하기 전부터 이런저런 고민을 하는 본인에게도 문제가 있다. 특히 제목과 내용에 관해 너무 많은 생각을 한다. 물론 생각을 하는 자체는 좋지만 그것은 내용을 심화할 때 필요하다. 자신감 없이 생각만 해서는 아무것도 개선되지 않는다. 아무것도 축적할 수가 없다.

가령 무언가 방침이 정리되어 작성 모드에 돌입했다 해

도 전체상이 확실하지 않기 때문에 작성 중에 계속해서 망설임이 고개를 든다. 50% 이상 작성한 후에도 처음부터 다시 수정해야 하는 경우 역시 드물지 않게 발생한다.

한편, 회사 업무인 이상 서류와 자료를 작성할 때 과거의 서류나 자료를 참조해야 할 일이 많다. 하지만 좀처럼 그 정보를 찾기가 어렵다. 버전이 한두 개가 아니고 어느 것이 가장 최근의 것인지조차 알 수가 없을 때도 있다.

이런 이유로 업무 시간의 상당 부분을 서류와 자료 작성에 빼앗기는 사람이 많다. 게다가 대기업일수록 서류와 자료 작성에 관한 일이 어마어마하다. 세세한 부분까지 체크하고 포맷대로 완성시킬 것을 생명으로 여기는 본사 방침이나 부서의 관리 스태프가 있다면 이 또한 시간을 빼앗아가는 큰 요인일 것이다.

이메일에 많은 시간을 빼앗긴다

이메일 관리에도 많은 시간이 소모된다. 매일 도착하는 이메일이 몇십 건 이상인 사람도 적지 않다. 읽는 데만도 많은 시간이 필요한데 답장을 쓰는 동안에도 계속해서 메일이 도착한다. 읽지 않은 메일이 계속 쌓이는 것을 보면 질려서 더 외면하고 싶은 마음이 든다. 회의를 마치고 PC를 보니 몇십 건이 추가로 도착해 있다. 이메일을 한창 쓰다가 문득 보면 또 새로 온 메일이 10건 이상 쌓여 있다. 답장을 하면서 일이 늘어나는 경우도 많다. 혹은 생각하지 못한 방향으로 전개되어 곤혹스런 경우도 있다. 문제점에 대한 대응이 늦어 상황이 더욱 악화되기도 한다. 이쪽에도 사정이 있고 절차가 있는데 문제가 갑자기 끼어든 후에 처리하려고 보면 이미 뒷북 대처가 되어버린다.

한번 선수를 빼앗기면 악순환이 되어 문제가 확대되고 관련 부서가 움직이면서 처리해야 할 이메일이 점점 불어난다. 초기에 대처했으면 몇 통의 이메일로 끝났을 일이, 바로 사과하면 해결되었을 일이 수십 건, 수백 건의 이메일에 대응해야 하는 상황으로 악화된다.

이런 악순환 때문이 아니라도 많은 사람들이 이메일을 쓰는 것 자체를 어려워한다. 특히 내용이 다소 복잡한 이메일의 경우에는 한 통을 쓰는 데 몇십 분 이상 걸리는 사람도 많다.

이메일 작성이 늦는 사람은 다음과 같은 공통적인 경향을 보인다.

- 단순히 타이밍이 늦다.
- 단어가 떠오르지 않는다.
- 상황에 맞는 이메일 작성 기준이 없다.
- 구체적으로 어디까지 무엇을 쓰면 좋은지 판단이 서지 않아 내용이 장황하게 길어진다.

타이밍이 늦는 이유는 키보드를 보지 않고 타이핑을 하는 블라인드 타이핑이 안 되거나 한두 손가락만을 이용하는 독수리 타법을 사용해서 자판을 쓰기 때문이다. 게다가 적절한 키를 사용하지 못하는 등 놀랄 정도로 이메일 작성의 기본을 숙지 못한 사람들이 많다. 이들을 어느 정도 기본을 익힌 사람과 비교해보면 3~5배 정도 시간이 걸린다.

단어가 잘 떠오르지 않는 사람이라도 미팅 약속 등의 간단하고 정형적인 이메일은 어떻게든 쓸 수 있다. 하지만 의뢰나 사과의 내용, 혹은 협상 내용에 관한 이메일을 보낼 때는 큰 곤란을 느낀다. 어떻게 의뢰해야 받아줄지 좀처럼 적절한 말이 떠오르지 않는다. 어떻게 사과하면 원만하게 해결할 수 있을지 좋은 생각이 나지 않는다.

상황에 맞춘 기본적인 작성 기준이 없는 사람은 항상 백지 상태에서 감으로 이메일을 작성한다. 매번 주저하는 마음으로 작성하므로 시간이 걸리고 내용 역시 본질에서 벗어나 이런저런 문제가 생기기 마련이다.

구체적으로 무엇을 어디까지 써야 하는지 알 수가 없다. 늘 그때그때 되는 대로 쓰는 사람의 머릿속은 정리가 안 되어 있을 가능성이 높다. 무엇을 위해 어떻게 써야 하는지, 상대에게 바라는 점은 무엇인지, 어느 정도까지 상세하게 써야 하는지를 생각하는 습관이 되어 있지 않아 내용이 한없이 길어진다. 이메일의 내용이 묘하게 길어지면서 취지를 알 수 없게 되는 데다 쓰는 시간도 길어진다.

시간이 지날수록 이메일을 주고받는 데 느끼는 어려움은 상대적으로 줄어들기 마련이다. 하지만 업무의 폭이 확대되고 책임이 가중되면 이메일에 써야 할 내용의 난이도가 높아져 결국 한 건을 쓰는 데 걸리는 절대적인 시간을 크게 단축할 수 없다. 언제까지고 제자리걸음을 할 뿐이다.

회의가 많다, 진행 시간이 길다

대부분의 회사에는 성과 없는 회의, 발언이 적고 생산성이 낮은 회의, 혹은 불필요하게 오랜 시간 계속되는 회의들이 너무 많다.

회의 시간이 1시간 반에서 2시간 정도인 경우는 보통이며 좀 더 긴 회의도 수시로 잡힌다. 게다가 1시간 반으로 예정되었던 회의가 길어지다 보면 2시간이 지나고 2시간 반이 지나도 끝나질 않는다. 사장 혹은 임원이 시간을 염두에 두지 않고 계속 회의를 이어가기 때문에 아무도 회의 자리를 떠날 수 없다. 결국 예정 시간을 크게 초과해 하루 중 절반 정도를 회의에 써버린다.

회의의 목적과 기대성과가 명확하다면 몰라도 그렇지 않은 상태에서 소집당하는 경우도 많다. '참석하지 않으면 뒤탈이 두려워 간다'는 마음으로 참석하여 무언가 공헌하기를 기대하기란 어려운 일이다. 발언의 기회조차 주어지지 않는 회의도 적지 않다.

회의의 대부분은 순조로운 의사진행이 이루어지기는커녕 '끈 떨어진 연'처럼 방향을 놓치기 일쑤다. 처음에는 사전에 준비한 의제에 따라 진행되지만 누군가가 탈선하기 시작하면 회의의 방향은 끝이 보이지 않는 미로에 접어든다. 진행자가 원래 궤도로 되돌리려 해도 말을 듣지 않거나 의제로 돌아가는 것 자체를 비판해버린다.

결국 무의미한 이야기가 꼬리에 꼬리를 물 뿐 아무것도 결정하지 못한다. 아무도 결정하려 들지 않으면서 결정하려는 건에 대해서는 단순 반대를 위한 반대를 하기도 한다. 반대를 통해 자신의 현명함을 과시하기 위함이다. 하지만 실은 주변의 실소를 살 뿐이다. 대개는 대표이사나 부문장 등 지위가 높은 사람이 서로 반목하여 이 같은 행동을 하므로 진행자는 애가 타도 달리 손 쓸 방법이 없다.

결국 아무것도 결정하지 못한 당일 논의를 이어가기 위해 다시 다음 회의 일정을 잡는 경우도 많다. '도대체 이 2시간 반은 무엇을 위한 것이었지?'라는 의문과 함께 고객관리나 신품종 기획에 대한 논의는 뒷전으로 밀리고 만다. 마감이 얼마 남지 않은 사안을 놓고 '다음 주 정례회의에서 논의하기로 합시다'라고 결론 내리면 당장 결정하고 실행에 옮겨야 할 일이 허무하게도 1주일 뒤로 미뤄진다. 혹은 임원급의 시간 조정을 위해 회의를 2주일 뒤 혹은 1개월 뒤로 잡는 태평스런 회사도 적지 않다.

특히 큰 회사일수록 비슷한 회의가 여러 번 잡히기 때문에 아무도 그 차이를 모르는 경우가 다반사로 일어난다. 예컨대 상품 기획회의, 고객 요구 검토회의, 부가가치 강화회의 등이 그렇다. 상품 기획회의는 기획부문, 고객 요구 검토회의는 고객지원부문, 부가가치 강화회의는 관리부문 등 각각 주관하고 있는 부서가 다르기 때문이다.

어지간히 비효율적인 회사가 아닌 이상 몇 년에 한 번은 상부에서 회의의 간략화, 회의비용 절감 운동 등에 대한 지시가 내려온다. 그 때문에 당시에는 회의가 잠시 줄어들다가도 조금만 지나면 반드시 원래대로 돌아가버린다. 아니 원래대로 돌아갈 뿐 아니라 무언가 이슈가 있을 때마다 다시 새로운 회의가 추가되어 진짜 문제 해결을 위한 시간은 확보할 수 없다. 그 때문에 문제가 더 많이 발생하고 다시 더 많은 회의가 추가되는 슬프고도 아이러니한 현상이 계속해서 일어난다.

회의의 가장 큰 문제는 회의를 함으로써 일했다는 기분이 드는 것이다. 회의가 끝나고 '아, 끝났군. 여기서 잠깐 쉬어야지' 또는 '커피나 마시며 잠깐 쉬자'라며 휴식 모드에 들어가는 사람이 너무나 많다. 아무것도 결정 내리지 못했을 때나 정해진 방침이 완전히 번복되어 즉각 행동이 필요한 때도 장시간의 회의를 하나 마치고 나면 휴식 모드에 들어간다. 일의 속도나 신속성 모두 크게 손상을 입는 것이다.

사안의 반려, 수정이 많다

줄곧 상사의 불평을 들으며 그 의견을 반영해 작성한 서류와 기획안인데 다른 사람도 아닌 상사 본인이 회의에서 내용을 간단히 뒤집는 경우도 종종 발생한다.

부하직원에게 애매한 지시를 내리고도 자신의 뜻에 부합하는 서류가 완성되기를 기대하는 상사가 얼마나 많은가? 스스로도 무엇을 원하는지 확실한 상이 없으므로 부하직원에게 내리는 지시도 '이 건은 자네만 믿겠네' 또는 '이런 느낌으로, 저런 느낌으로'라는 정도가 전부다. 게다가 그런 자신의 행동에 아무런 죄책감도 느끼지 않는다. 당연히 부하직원이 상사의 기대를 짐작하여 알아서 서류나 기획안을 작성해야 한다고 생각한다. 신기하게도 자신이 사회 초년생이었을 때 그런 상사에게 얼마나 괴롭힘을 당했는지는 까마득히 잊고 있는 것이다.

부하직원 쪽에서는 물론 어떻게든 상사의 의도를 알아내려 애를 써보지만, 애초에 상사는 자신이 무엇을 원하는지에 대한 정확한 생각이 없으며 그것은 자신의 일이 아니라고 생각하는 경우마저 있기 때문에 지시 내용을 확인하는 질문을 받는 것조차 그다지 달가워하지 않는다. 자신의 지시가 애매한 것을 짐짓 모른 체하며 '그건 스스로 생각해야지. 매달 월급을 받으며 그 정도 노력도 안 할 셈인가?'라는 말을 아무렇지 않게 내뱉는다.

본인의 일인데도 어떻게 할 것인지를 생각하지 않거나 생각도 못하는 상사가 대부분이므로, 서류나 기획안을 마무리할 때까지 아무 진전 없는 시간들이 속절없이 지나간다. 몇 번을 다시 수정하여 보고를 하는데도 그때마다 불쾌한 말을 들어본 경험은 누구나 가지고 있을 것이다.

몇 번을 수정한 최종 결과물이 애초에 자신이 제안했던 안인 경우도 결코 적지 않다. 그리고 그것에 대해 '역시 내 안이 가장 좋은데……'라며 자만하는 얼빠진 상사에게 진절머리가 나는 경우 역시 적지 않다. 그런 헛된 시간을 수없이 소비하고 나면 언젠가는 서류와 기획안이 완성된다. 하지만 회의에서의 발표가 남았으므로 이때부터가 또 하나의 큰 숙제다.

억지로라도 상사의 의견을 반영해 작성한 서류 또는 기획안인데, 회의 자리에서 윗사람이 마음에 들어 하지 않는 것을 알아차린 순간 상사의 태도는 손바닥을 뒤집듯 돌변한다. 윗사람의 의견에 완전히 동조하며 자신의 의견도 원래 그랬다는 듯이 직접 지시하여 고친 서류의 내용을 지조 없이 마구 비난하고 나선다.

'A가 아직 경험이 많지 않으니, 관대하게 보아주십시오'라고 말해준다면 몰라도 자신의 권한으로 밀어붙인 것을 100% 부하직원의 책임으로 돌리는 경우가 너무나 많다. 이런 일이 생기면 많은 시간이 허비된 것뿐만 아니라 회사에 대한 부하직원의 신뢰와 의욕이 순식간에 급감하게 된다.

이 부분은 상사의 태도와 부하직원의 성장에 관한 문제로, 매우 중요한 사안이기 때문에 가까운 미래에 별도로 깊이 있게 다루어보고 싶다.

SPEED

2장

속도가
모든 것을
해결한다

속도가 해결해주는
다섯 가지

속도가 향상되면 해야 할 일에 바로 착수할 수 있다

앞에서 말한 바와 같이 업무 처리 속도가 늦는 사람과 빠른 사람의 차이는 매우 크다. 그런데 늦는 사람의 경우를 보면 업무를 처리하는 스피드가 절대적인 문제라기보다는 단순히 마감이 닥칠 때까지 일에 본격적으로 착수하지 않는다는 데 더 큰 함정이 있다.

나 역시 발등에 불이 떨어졌을 때는 작업 속도를 끌어올리지만 그 외의 사안은 계속 뒤로 미루는 버릇이 몸에 배어 있다. 그 전형적인 사례가 책을 쓰는 일이다. 현업에 쫓기다

보면 글을 쓰는 것은 마감이 닥칠 때까지 뒤로 미루게 된다. 특히 매일 쏟아져 들어오는 방대한 양의 이메일에 대해 바로 답장을 하는 일이나 이튿날 강연해야 할 내용의 자료 작성을 우선하다 보면 원고 마감을 지키지 못하는 상황이 종종 생긴다.

또한 집중을 할 때는 그런대로 속도가 나지만 무언가 다른 일이 끼어들어 집중하지 못할 때가 압도적으로 더 많다. 그 때문에 가능한 한 다른 일이 끼어들지 않도록 조치하고 집중하여 속도를 내려 노력한다.

일 처리 속도가 빠르면 다른 업무를 계속 처리할 수 있으므로 마감을 앞두고도 어느 정도 여유가 생긴다. 다시 말해 선순환이 시작되는 것이다. 큰 어려움 없이, 마음이 무거워지는 일도 없이 계속해서 해야 할 일에 바로바로 착수할 수 있게 된다.

업무 속도가 빨라지면 기본적으로 다른 사람보다 한 걸음 내지는 두 걸음 정도를 먼저 나아갈 수 있으므로 크게 스트레스를 받지 않고도 자연스레 중요한 일부터 시작할 수 있게 된다.

속도가 향상되면 두뇌회전이 더 잘 된다

업무 처리 속도가 빨라지면 이상할 정도로 두뇌회전이 잘
된다.

우선 무엇을 어떻게 하면 좋은지가 빠르게 떠오른다. 이
모드에 돌입하면 새로운 기획안도 단숨에 작성할 수 있다.
어떤 힌트가 주어지면 두뇌가 더 빠르게 돌아간다. 이어 단
어가 술술 떠오르게 되므로 자료와 서류 작성에 가속도가
붙어 더욱 빨라진다. 옆에서 보는 사람들이 놀랄 정도로 빨
리 작성하게 된다.

나아가 일을 진행하는 데 누구의 협조를 구해야 할지, 누
구에게 이야기를 해두어야 할지 등등 최상 경로(critical path,
프로젝트를 진행하는 데 열쇠가 되는 중요한 부분)가 보이게 된다. 사
전교섭이 필요한 국내 기업뿐 아니라 해외 기업의 경우에도
큰 차이가 없다. 누가 부서의 핵심 인물이며, 그 사람에게
협조를 얻으려면 어떻게 해야 할지, 그러기 위해 우선 누구
와 이야기해야 할지, 누구와 협력해야 할지 등을 크게 고민
하지 않고 생각할 수 있게 된다.

좀 더 진전된 후에는 하나를 들으면 둘을 알게 된다. 즉

업무 성과를 올릴 때까지 마주치게 될 장애물이나 과제가 보이게 되고 다음에 무엇을 해야 할지, 어떻게 문제를 사전에 방지해야 할지, 시간이 오래 걸리는 일은 우선 어떤 작업을 먼저 해두어야 할지 등의 아이디어가 계속 떠오르는 것이다. 처리해야 할 일들이 마구 떠오른다. 한 치 앞도 안 보이는 어둠 속을 더듬더듬 나아가던 과거와는 정반대의 상황이 된다.

이렇게 되면 어떤 부분이 취약한지도 파악할 수 있게 된다. 결과적으로 확실하게 큰 성과를 거두게 되므로 상사와 고객이 기뻐하는 것은 물론 사내 관련 부서와 협력기업에도 바람직한 형태로 일을 진행할 수 있게 된다. 곤란한 일도 당황하지 않고 거침없이 처리하게 된다.

이렇게 업무 처리 속도가 빨라지면 다른 사람보다 앞서 나아갈 수 있다. 그러면 정보 수집도 쉬워지고 신뢰도 쉽게 얻을 수 있다. 리더 역할을 맡게 되는 상황이 늘어난다. 이런 긍정적인 상황에서는 감성이 발달하고 다양한 측면을 볼 수 있게 되어 입수하는 정보량이 증가하므로 보다 최적의 판단을 내릴 수 있게 된다.

속도가 향상되면 PDCA를 여러 번 실행할 수 있다

업무 처리 속도가 빨라지면 일이 순조롭게 진행되므로 다른 사람보다 먼저 혹은 평소보다 빠르게 PDCA를 실행할 수 있다.

PDCA란 Plan(계획), Do(실행), Check(평가), Act(개선)의 사이클로, 이것을 실행할 때마다 아웃풋의 질이 향상된다. 한 번보다는 두 번, 두 번보다는 세 번 실행하면 아웃풋이 점점 개선된다.

서류 작성을 예로 들어보자.

Plan(계획): 서류의 전체 구성, 페이지 배분, 각 페이지의 내용, 누락 부분 등을 검토한다.

Do(실행): 전체 페이지를 단숨에 작성한다.

Check(평가): 당초 목표가 어느 정도 달성되었는지 확인한다.

Act(개선): 부족한 부분, 적절하지 않은 부분을 찾아 재작성한다.

Plan(계획): 다시 한 번, 서류의 전체 구성, 페이지 배분,

각 페이지의 내용, 누락 부분 등을 검토한다.

Do(실행): 전체적으로 개선을 진행한다.

Check(평가): 당초 목표가 어느 정도 달성되었는지 서류를 검토하는 입장이 되어 확인한다.

Act(개선): 부족한 부분, 적절하지 않은 부분을 찾아 재작성한다.

고객 유치의 예를 들어보자.

Plan(계획): 잠재 고객의 사업 규모와 특성을 토대로 고객 유치 계획을 세운다.

Do(실행): 고객 유치 계획에 따라 실제로 10~20개 사 정도에 적용해본다.

Check(평가): 결과에 따라 처음 세운 고객 유치 계획을 수정한다.

Act(개선): 수정한 고객 유치 계획에 따라 새롭게 잠재 고객과 교섭을 시작한다.

Plan(계획): 다시 잠재 고객의 사업규모, 특성을 토대로 고객 창출 계획을 세운다.

Do(실행): 추가로 5~10개 사 정도 적용해본다.

Check(평가): 결과에 따라 고객 유치 계획에 문제는 없는
지 최종 확인한다.

Act(개선): 수정한 고객 유치 계획에 따라 새롭게 잠재 고
객과의 교섭을 시작한다.

PDCA의 사이클은 첫 번째보다는 두 번째, 두 번째보다
는 세 번째가 빠르게 진행되고 개선할 부분에서도 보다 질
적인 개선이 이루어져 자신의 감성과 두뇌회전이 더욱 좋아
진다.

Plan(계획)은 잘하지만, Do(실행)가 어려운 사람, Plan(계
획)은 잘 못하지만 행동을 밀어붙이는 사람, Plan(계획)과
Do(실행)는 서툴지만 Check(평가)와 Act(개선)에 뛰어난 사람
등 사람마다 능력은 제각각이다. 하지만 자신이 잘하는 그
단계에서 멈춰서는 안 된다. 자기가 부족한 단계를 조금이
라도 개선하여 PDCA 도중에 문제가 생기지 않도록 노력하
자. 일종의 리듬감을 가지고 단계를 밟아 나아간다. 간단한
일부터 진행하면 PDCA를 빠르게 실행하는 요령을 점차 터
득하게 된다.

PDCA는 항상 같은 속도로 실행되지는 않는다. 특히 첫 번째는 빠르게 실행하고 대략적인 아웃풋을 가늠한다. 그러면 시간적으로나 정신적으로나 여유가 생겨 두 번째는 느긋한 기분으로, 상당히 빠르게 PDCA를 실행할 수 있다. 포인트를 알고 있으므로 진짜 중요한 부분만 확인하고 개선하면서 속도를 끌어올려 실행할 수 있게 된다.

속도가 향상되면 의욕이 솟는다

업무 처리 속도가 빨라지면 점점 더 강한 의욕이 생긴다. 왜일까? 그 이유는 다음과 같다.

- 업무 처리 속도가 빨라지면 사전 작업을 할 수 있어 효율적으로 접근할 수 있다.
- 일이 빨라지면 여유를 가지고 고객의 진짜 요구를 파악할 수 있게 되고 고객의 마음을 사로잡을 수 있는 확률도 높아진다.
- 업무 처리 속도가 빨라지면 어느 정도의 실수는 만회

할 수 있는 기회가 생긴다.

이상과 같은 효과를 얻을 수 있으므로 좀 더 쉽게 성과를 올릴 수 있다. 그 결과 아드레날린이 분비되어 스피드가 더욱 향상된다. 다른 사람보다 한 발 두 발 더 앞서 나가게 된다. 당연히 좋은 결과를 얻게 되므로 의욕이 강해진다. 업무를 빠르게 처리하는 사람, 유능한 사람은 이 조절 능력이 매우 뛰어나다.

한편, 의욕을 유지하지 못하거나 기복이 심해 고생하는 사람 역시 적지 않다.

어떻게 해도 의욕이 솟지 않고 집중을 하지 못한다. 그런 상황 속에서 의욕을 유지하려고 애쓰면 더 괴롭고 스트레스가 가중될 수밖에 없다. 이때는 완성도를 조금 낮추어도 좋으니 일의 스피드를 큰 폭으로 끌어올려본다. 서둘러 사전 작업을 하고 순서를 앞당겨 대충이라도 좋으니 결과를 내보자. 그리고 PDCA를 실행해보자. 이런 작은 노력들이 축적되는 동안 기분은 크게 좋아지지 않아도 결과는 나오게 된다. 적어도 일이 빨라지면 주변의 시선에도 변화가 생긴다. 자연히 기분이 좋아지고 어느 사이엔가 의욕이 솟게 될 것이다.

　모든 일에 적용할 수는 있는 것은 아니지만, 어느 정도의 일은 이런 식으로 빠르게 처리하여 정신적인 여유를 만들고 우위를 선점함으로써 스스로 선순환을 만들어내고 의욕을 강화해나갈 수 있다. 이를 위해서라도 스피드에 대한 의식은 반드시 필요하다.

속도가 향상되면 실력을 발휘할 수 있다

업무 처리 속도가 빨라지면 의욕이 솟아 결과도 낼 수 있다. 그렇게 되면 몸도 마음도 성장하여 자신이 지니고 있는 본래의 능력을 발휘할 수 있게 된다.

　스트레스에 강한 사람이 있는가 하면, 반대로 스트레스에 약한 사람이 있다. 스트레스에 강한 사람은 결과를 크게 걱정하지 않는다. '어떻게는 되겠지'라고 생각한다. '내가 할 수 있는 일은 했으니 더 이상 고민해봐야 다른 방법이 없다'며 좋은 의미에서 태도를 전환할 수 있다. 결과적으로 불필요하게 가슴 졸이는 일이 줄고 평상심을 유지하며 일을 진행할 수 있다. 평상심을 유지하므로 평소 자신의 실력을 발휘할 수 있다.

스트레스에 약한 사람은 결과를 지나치게 신경 쓴다. 결과뿐 아니라 다른 사람이 자신을 어떻게 생각하는지, 어차피 자신이 해낼 수 없으리라고 생각하는 것은 아닌지 등등 다른 사람의 시선을 신경 쓴다. 그뿐만 아니라 실패한 이후의 일도 걱정한다. '창피를 당하지 않을까' '창피를 당하면 회사에는 더 이상 나갈 수 없을 것 같아' 등 아직 일어나지도 않은 일을 모두 끌어안고 걱정한다.

스트레스에 강한 사람은 누구나 스트레스를 받으며, 스트레스는 당연한 일이므로 자신만 특별히 더 힘든 것이 아니라고 생각한다. 사전 준비는 충분히 했으므로 그다음은 어떻게든 될 것이라 생각한다. '더 이상 생각하고 고민해봐야 어쩔 수 없다' '뭐, 할 수 있는 만큼 해보자'는 심정이다.

이런 마음가짐으로 일의 스피드를 올려나가다 보면 스트레스를 느낄 틈이 없다. 스트레스를 느낀다는 것은 대체로 짬이랄까, 조금은 여유가 있다는 뜻이다. 가장 빠른 속도로 PDCA를 실행할 때는 스트레스로 이런저런 고민할 시간적 여유가 없다. 고민할 틈이 없다. 계속해서 앞으로 나아갈 수밖에 없다. 이렇게 일하는 동안에는 스트레스를 느끼지 않으며 문득 정신을 차렸을 때는 실력이 향상되어 기량을 맘껏 발휘할 수 있다.

실력을 발휘하려 애쓰거나 성과를 지나치게 의식하면 그 생각이 오히려 스트레스가 되므로 지나치게 그런 의식을 하지 말고 업무 속도의 향상에만 집중하자. 가장 빠른 속도로 PDCA를 실행하고 그 단계마다 신경을 집중하면 성과를 올릴 수 있게 된다. 압박감을 느꼈다는 자체를 잊게 되고 어느 사이엔가 자신의 실력대로 능력을 발휘할 수 있게 된다.

속도 향상에는
한계가 없다

업무의 개선점은 무한하다

여기까지 읽고, 자신은 이미 전력을 다해 업무의 스피드를 올리고 있으며 더 이상은 무리라고 생각하는 사람이 있을지 모르겠다. 하지만 업무를 처리하는 데 개선이 가능한 부분은 얼마든지 찾을 수 있다.

가령 '20부를 복사해 스테이플러 찍기'와 같은 단순 업무들 속에서도 새롭게 시도할 수 있는 일들이 많다. 예컨대 복사할 양이 많을 때는 복사기 유리 화면의 위에 가이드를 붙이거나 주위가 검게 나오지 않도록 큰 종이로 덮을 수도 있다. 스테이플러도 일반적인 경우라면 왼쪽 윗부분 가장자리에 약 45도 정도로 비스듬히 찍는 것으로 읽는 사람의 입장을 배려할 수 있다. 페이지를 넘기기도 쉽고 복사본 자체도 잘 흐트러지지 않는다.

여러분은 다음과 같은 시도나 노력을 모두 실천하고 있는가?

우선, 서류에 관해 살펴보자. 한번 작성한 서류는 재사용할 수 있도록 본래 폴더 이외에 '재사용 폴더'에 복사하여 보존하고 있는가? 용도에 따라 포맷만 남긴 템플릿(서식 문서)을 만들어 두었는가?

마찬가지로 이메일 역시 '문장 예시 폴더'를 만들었는가? 수신한 이메일 중 훌륭하다고 느낀 문장을 따로 저장해두었는가?

이메일과 자료 작성의 속도를 좌우하는 블라인드 타이핑으로 스피드를 향상시키기 위해 노력하고 있는가? 속도를 향상시키는 데 유용한 단축키는 얼마든지 있다.

또한 프로젝트를 추진할 때도 팀 내 원활한 커뮤니케이션을 위해 페이스북 그룹 또는 메일링 리스트를 작성하여 파일 공유 장소 등을 설정해두는 방법도 있다.

만일 이 책에서 소개하는 방법을 모두 실행하고 있다 해도 여러분이 하는 일은 그 나름대로 개선의 여지가 무수히 많으며 시간이 경과하면서 업무 환경도 계속 변하게 된다. 업무의 개선에는 한계가 없으며 스피드는 향상되기 마련이다.

스피드 업은 본질적으로 즐거운 것

업무 처리에 새로운 방법을 도입하면 그 결과의 질이 향상되고 과정이 개선되므로 속도는 점점 빨라진다. 과거에는 기획서를 2주에 걸쳐 작성하고 상사에게도 호되게 지적을 받았다면 이제는 3~4일 안에 가능해질뿐더러 상사도 약간의 수정만 지시할 것이다.

조금 복잡한 이메일의 경우라면 1시간 이상 소요되던 것을 15분 안에 쓸 수 있게 된다. 또한 자칫 2시간 이상을 이러쿵저러쿵 논의하던 팀 회의도 45분 정도면 과제 정리는 물론 실행까지 합의할 수 있게 된다.

스피드가 향상되므로 심리적으로도 여유가 생겨 좀 더 좋은 아이디어가 떠오르고, PDCA 사이클을 몇 번이고 실행할 수 있게 된다. 업무 처리가 능숙해져 다른 사람을 움직이기도 쉬우며 업무상 헛된 수고를 거의 하지 않아 자연스럽게 최선의 한 수를 놓게 되는 것이다.

이러한 결과들은 정신 건강에 매우 좋다. 기분이 좋아지고 긍정적이 되므로 부정적으로 생각하는 일도 적어진다. 좀 더 다양한 시도와 방법을 계획할 것이고 그 결과 속도가 점점 향상될 것이다.

새로운 시도 모두가 순조롭게 진행될 수는 없다. 다만 좋은 결과로 이어지는 경우가 많으므로 시행착오마저도 그 자체가 즐거워진다. 새로운 방법에 도전하며 다른 사람이 놀랄 만한 시도를 계속하게 된다. 이런 과정을 통해 업무를 처리하는 속도는 무한히 개선할 수 있다.

나는 학창 시절부터 이러한 노력을 계속하며 그 경험을 축적해왔다. 특히 맥킨지에 들어가 벽에 부딪히고, 살아남기 위해 다양한 노력과 시도를 하면서 크게 성장할 수 있었다. 맥킨지를 나온 후에는 혼자서 많은 것을 해야 했으므로 필연적으로 스피드를 더욱 향상시켰으며 그것이 당연하다고 생각했다. 하지만 세상을 둘러보면 모두가 그렇지는 않은 것 같다.

어려서부터 프라 모델을 만들거나 타미야(Tamiya)의 리모 콘 전차를 개조해 원격 제어로 조종하는 등 무수히 많은 작은 시도와 도전을 하면서 버릇이 되었는지도 모르겠다. 프라 모델을 만들기 위해서는 PDCA 사이클이 매우 필수적이다. 이 과정이 없다면 프라 모델을 완성할 수 없거나 건전지를 넣어도 작동하지 않으며, 색을 입혀도 쉽게 더러워진다.

많은 사람들과 일하고, 조언을 하는 과정에서 깨달은 사실이 있다. 내가 해온 스피드 향상을 위한 다양한 시도는 다른 사람들에게 충분히 전달할 수 있는 것이며 누구나 이를 통해 단기간에 대폭적인 개선을 이룰 수 있다. 업무를 처리하는 속도가 빨라지면 기분이 환기되며 스스로 다양한 시도를 하기 시작한다. 아주 작은 계기가 중요한 것이다.

다음 장부터는 스피드를 높이기 위한 원칙이나 상세한 방법에 관해 자세히 설명하겠다. 꼭 새로운 아이디어를 짜고 시도하는 기쁨을 느껴보길 바란다. 한번 그 즐거움을 알면 다음에는 선순환이 일어나므로 마음먹은 대로 앞으로 나아갈 수 있다. 새로운 고안을 할 수 있게 될 것이다.

3장

1등의
속도를 만드는
8가지 원칙

우선
전체상을 그린다

스피드를 향상시키려면 우선 일의 전체상을 이해할 필요가 있다. 전체상이란 일의 최종 성과가 무엇이고 성과를 내기 위해 어떤 요소가 필요한지, 어떤 단계와 절차를 밟아 성과로 연결시켜야 하는지, 어디부터 손을 써야 가장 효과적인지 등 전반적인 것을 가리킨다.

전체상을 보면 어떤 부분이 중요하고 어떤 부분은 중요하지 않은지를 알 수 있다. 어느 부분이 꼭 파악해야 할 핵심인지, 무엇이 위험 요소인지가 보인다. 그러면 완벽성을 추구하다가 그다지 중요하지 않은 부분에 필요 이상으로 시간을 들이거나 나중에 해도 될 일에 처음부터 너무 많은 공을 들이는 등의 불필요한 수고가 사라진다. 위험을 예측하면서 과감히 스피드를 올릴 수도 있다. 상사도 안심할 수 있고, 경험이 적은 팀원들도 전체상을 한눈에 보면서 개별 과제에 착수할 수 있다.

예컨대 기획서를 작성할 경우에는 누구에게 보고할지, 몇 페이지 분량의 기획서인지, 기획서의 목적이 무엇인지, 전체 구성이나 목차는 어떻게 할지, 각 페이지에 어떤 내용을 쓸지, 그 안에는 어떤 세부항목을 준비할지 등의 전체상을 파악해야 각 부문에 할애해야 할 시간과 세부적인 사항까지 알 수 있다.

자신이 최종 책임자라면 직접 전체상을 그리고 균형을 유지하면서 기획을 완성해나가야 한다. 제3자의 의견도 소중하므로 부하직원이나 동료의 의견을 가능한 한 참고한다. 위로 상사가 더 있는 경우에는 스스로 전체상을 그려본 후 상사에게 변동사항이 없는지를 확인하고 결정한 뒤에 실제 작업에 들어간다.

이때 '상사에 대한 확인'이 무척 중요하다. 변동사항이 없음을 미리 확인했음에도 불구하고 도중에 마음이 변하는 상사들이 간혹 있다. 제대로 이해하지 못했으면서 그 자리에서는 쉽게 "알았네. 이대로 추진해"라고 말하는 상사도 있다. 이런 상사는 나중에 "대체 무엇을 하고 있는 건가!" 하며 따져 묻거나 "이럴 계획이 아니었잖은가. 자네는 이 건을 이해하지 못했군" 하며 아무렇지 않게 말을 바꾸기도 한다. 어처구니없는 일이지만 대부분의 상사가 이 정도의 수준일 것이다. 그렇기에 회사 전체적으로 보면 상사에 대한 교육이 다른 무엇보다 중요하다.

십중팔구는 미덥지 않은 상사, 신뢰하기에는 조금 위험한 상사와 일하게 되는 게 현실이므로 업무 중간에 자주 상사에게 확인을 받도록 하자. 만약 당신이 상사라면 자신도 부하직원에게 그렇게 비춰질 가능성이 있으므로 주의하자. 대부분의 기업에서 '상사가 부하직원에게 어떻게 지시를 내려야 최고의 결과를 낼 수 있을지'에 대한 노하우를 축적하지 못하고 있다.

구두 확인도 위험하다. 기억은 꼭 자신의 상황에 유리하게 왜곡되기 마련이다. '반드시 내가 맞아. 이렇게 말했어'라고 기억한다 해도 상당 부분이 부정확할 때가 많다. 이러한 기억의 애매한 속성에도 불구하고 "정말 틀림없다. 이렇게 말했다. 이렇게 합의했다"며 우기는 사람이 꼭 있다. 특히 상사 중에 그런 사람이 많으므로 아무리 조심해도 지나치지 않다. 반드시 전체상을 그리고 그것을 상사에게 전달하여 가능한 한 갭이 생기지 않도록 설명한다. 업무를 추진해 결과를 낳기까지의 기간이 짧더라도 그때그때 계속해서 확인한다. 이렇게 해야 서로 마음을 놓을 수 있으며 상사에 대한 신뢰도도 높아질 수 있다.

지나친 완벽주의는 피한다

업무 처리의 속도를 높이려면 지나치게 완벽주의를 고집해서는 안 된다. 물론 완벽하게 하는 것도 좋지만 정도가 지나쳐서는 안 된다는 점을 명심하자.

이것은 사람에 따라서는 상당한 발상의 전환이 필요한 부분이다. 어떤 조직에나 '완벽하게 하는 것이 언제나 최선'이라고 믿고 있는 사람이 꼭 존재한다. 이들은 일을 신속하게 처리하려 할 때마다 반대하고 나선다. 온몸을 던져 막기도 하고 상사나 다른 부서에 말을 옮겨 방해하기도 한다. 자신이 만일 이런 유형이라면 '경우에 따라서는 지나치게 완벽성을 추구하지 않는 것이 더 나을 수도 있다'고 생각해보자.

물론 정말로 중요한 일의 핵심 부분은 완벽하게 처리해야 한다. 하지만 사소한 부분까지 동일한 수준으로 완성도를 높여 진행하면 시간이 아무리 많아도 촉박할 수밖에 없다.

게다가 그 결과 마감 시간을 넘기기라도 하면 완벽함은 고사하고 모든 수고가 수포로 돌아갈 수 있다. 일의 핵심 부분에도 '정말로 그렇게까지 완벽할 필요가 있을까?' '이 방법은 기대 품질에 비해 지나치지 않을까?'라는 의문을 가지고 계속해서 의심할 필요가 있다. 언제나 이전에는 최선이었던 방법도 이번에는 그렇지 않을 가능성이 있다. 빠르게 일할 때는 대충한다는 의미로 접근하지 말고 좀 더 잘할 수 있는 방법을 찾는 것에 중점을 두도록 한다.

완벽함이야말로 생명이라고 생각해온 사람은 다시 한 번 달성해야 할 일의 전체상을 먼저 생각해야 한다. 가장 빠르게 완성한 후 다시 한 번 꼼꼼하게 수정하는 편이 전체적으로 충분히 완벽하게 일을 해내는 더 좋은 방법이다.

그래도 걱정이 되는 사람은 꼭 다음과 같이 생각해보자.

일의 전체상이 보이지 않을 때 극히 일부분에 지나지 않은 일에 시간을 너무 들이면 시간이 부족해져 도중에 낭패를 보게 된다. 다시 말해 일부를 꼼꼼하게 한 결과 전체적인 완벽성에는 손상을 입는 것이다.

그래도 납득이 안 된다면 이런 사고방식은 어떨까? 일을 완벽하게 하는 것 자체는 목적이 아니다. 어디까지나 결과를 내는 것이 목적이다. 결과를 내기 위한 만큼의 완벽성을 고려하고 그것을 충분히 만족시키면 되는 일이지 절대적인 수준의 완벽을 기해야 하는 것은 아니다. 시간이 충분한 경우, 일손이 남는 경우는 꼼꼼하게 일하는 것도 좋으며 분명히 그것을 높이 평가해주는 고객도 있다. 단, 고객에 따라서는 한시라도 빨리 일해줄 것을 원하는 경우가 있으며, 고객의 이익으로 직결되지 않는 부분의 완벽성을 꼭 평가해주지는 않는다. 과거에는 이 같은 일종의 과잉 완벽성에 좀 더 많은 돈을 지불해주던 시대도 있었지만 이런 경향은 감소 추세를 보이고 있다. 따라서 무턱대고 완벽을 꾀하기보다는 균형을 고려하며 고객에게 정말로 의미 있는 부분에 집중하면 된다.

일본의 10분 미용실 프랜차이즈 브랜드인 큐비하우스(QB HOUSE)는 이 사고방식을 철저히 관철했다. 그리하여 한 시간 이상 걸려 몇만 원 이상 받던 것을 10분에 1만 원으로 서비스를 전환하여 급성장을 이루고 있다. 물론 이것이 꼭

100% 옳다고는 할 수 없다. 하지만 일이란 어떤 사업의 일부다. 사업으로 성공하지 못하면 고객에게 가치를 계속 제공할 수 없다. 따라서 완벽성을 고집하더라도 균형을 충분히 고려하여 우선순위를 명확히 한 뒤에 일을 처리할 필요가 있다.

이처럼 인간은 저마다 각기 다른 가치관을 지니고 있지만, 일에 있어서만은 '의미 없는 완벽성을 지나치게 고집하지 않는 것이 중요'하다는 점을 인식하도록 하자.

일의 핵심을
파악한다

일의 핵심을 파악하는 것은 스피드를 높이는 데 무척 효과적이다.

핵심 파악은 일을 성공시키는 데 가장 중요한 요소들을 선별하고, 불필요한 소모를 없애 일을 효과적으로 진행하기 위해 필요하다. 중요한 포인트를 파악하고 있으면 심적 여유를 가지고 전체적인 균형을 살피면서 PDCA를 실행할 수 있다. 힘을 쏟아야 할 부분에 집중할 수 있으므로 확실히 성과를 낼 수 있을 뿐 아니라 일에 휘둘리지도 않는다.

따라서 핵심을 파악하고 있는 사람은 항상 여유가 있어 보인다. 초조해하는 일이 없다. 다른 사람과의 의사소통도

침착하게 하며, 동시에 일 자체는 전광석화로 진행한다. 시야가 협소해지는 일도 없다. 다른 사람이 말을 걸어도 언제든 자신감이 가득하다. 그러면 어떻게 해야 이런 바람직한 상태에 도달할 수 있을까?

우선 진행하고 있는 일이 성공하거나 좋은 결과를 얻었을 때의 상황을 머릿속으로 그리며 '일의 성공 이미지'를 현실화해보자.

'충성 고객(royal customer) 30명을 초대해 고객과 함께하는 모임을 개최한다. 단순히 고객과 함께하는 모임의 상세 일정을 결정하고 상영물을 준비해 개최하는 수준이 아니다. 예컨대 참가 고객 대부분이 크게 기뻐하고 회사에 대한 애착을 더욱 강하게 느낄 수 있는 기회를 만드는 정도다. 개최 결과 제품에 대한 이미지가 좋아졌을 뿐 아니라 모임을 뒤에서 지원하는 사원들 사이에서도 긍정적인 관계가 형성됐고 회사에 대한 이해도 깊어져 열렬한 팬으로서 친구와 지인에게 제품을 널리 알릴 수 있게 되었다. 회사의 경영진도 충성 고객과 함께하는 시간 속에서 지향해야 할 이상적인 고객을 피부로 느꼈으며 사업에 좀 더 본격적으로 임할 수 있게 되었다.'

이렇게 세세한 부분까지 상상해보자. 구체적으로 이미지를 상상할수록 자연스럽게 일의 핵심이 보이기 시작할 것이다. 또한 '일의 성공 이미지'를 실현하기 위해 무엇이 필요한지 몇 번이고 머릿속으로 시뮬레이션을 하여 준비를 철저히 하는 것도 중요하다.

무엇을 언제까지, 어느 수준까지 할 것인가, 어떤 순서로 할 것인가, 누구에게 무엇을 부탁하고 어떻게 실행하게 할 것인가를 엄밀히 생각하고 여러 차례 반복해본다. 반복해서 생각하다 보면 어디에서 문제가 발생할 여지가 있는지 등의 생각까지 계속해서 떠오른다.

익숙해질 때까지는 업무 처리가 뛰어난 사람을 면밀히 관찰하고, 그가 어떻게 일을 잘할 수 있는지 생각해보는 것이 좋다. 그들이 무엇을 중요하게 생각하고 어떻게 해나가는지에 대해 배울 점이 많을 것이다. 옆에서 보기만 해서는 모든 것을 알 수 없으므로 가능한 한 질문을 한다. '아, 과연. 이거야!'라는 느낌을 받게 될 것이다.

선순환을
만든다

일을 빠르게 처리하려면 가능한 한 다양한 부분에서 선순환을 만들어야 한다. 선순환이란 일이 긍정적인 방향으로, 애초에 의도한 대로 진행되는 것을 말하며 이를 위해 많은 사람들이 계속해서 협력해주는 상황이다. 선순환이 시작되면 예상치 못했던 다양한 일들이 계속 일어나고 업무 진행이 순조로우며 결과적으로 잘 해결된다.

　몇 가지 예를 소개하겠다. 예컨대 서류 작성에 필요한 자료를 미리 의뢰해두면 실제로 작업에 들어갈 때는 관련 부서로부터 자료가 이미 도착한 상태일 것이다. 그뿐만 아니라 자신의 상황이 공유되어 상호 이해가 가능하며 원활한 협조가 이루어진다. 물론 평소부터 관련 부서의 핵심 멤버와 충분히 의사소통하며 무언가 도와줄 수 있는 일이 있으면 서로 도와주는 관계가 전제되어야 한다.

또한 팀의 운영 방침과 의사소통의 규칙을 우선하여 정해놓고 멤버들 사이의 의사소통을 원활하게 해두면 문제가 발생하기 전에 미리 방지할 수 있을 뿐 아니라 안심하고 일에 집중할 수 있다. 결과적으로 좀 더 좋은 성과를 거둘 수 있으며 한층 더 의욕이 솟게 된다. 팀이 가동되는 시점에 '어떻게 하면 잘될 수 있을까' '어떤 경우에 큰 실수가 발생할 수 있을까' 등의 논의를 충분히 해두는 것도 선순환을 낳는 밑거름이 된다.

또는 전시회에 참가했을 때 여러 샘플을 얻어 면밀히 검토한 후 범위를 좁혀 상호 협의를 거치고 독특한 상품을 개발한다. 그렇게 되면 다음 전시회에서는 평판이 더욱 좋아져 새로운 상담이 밀려든다.

이런 선순환을 낳으려면 몇 가지 요령이 필요하다. 첫째, 선순환은 신뢰할 수 있는 팀과 파트너 사이에서 일어난다. 당연히 분위기나 관계가 불안정한 상황에서 선순환이 시작될 리가 없다. 따라서 자신의 팀과 파트너를 소중히 여기고 의사소통을 중시하여 업무가 잘 돌아가게 만들자. 언제 선순환이 시작되어도 이상할 게 없는 상황을 기본적으로 만들어두는 것이다.

둘째, 선순환이 시작되었다면 그 선순환이 더욱 잘 돌아갈 수 있도록 속도를 높인다. 어떤 선순환이 생겼는지는 피부로 느낄 수 있으므로 그것이 잘 돌아갈 수 있게 할 수 있는 조치를 취한다. 이것은 일을 하면서 느끼게 되는 가장 즐거운 것 중 하나다. 계속해서 아이디어가 솟고 그것을 시도하면서 서로에 의해 더욱 좋은 결과를 얻게 되는 일. 그 결과 팀과 고객 모두 기분 좋은, 지금까지 거둔 적이 없는 최고의 결과를 얻게 된다.

셋째, 사실 자신부터 억지로 선순환을 만들어내려고 너무 애쓰지 않는 것이 좋다. 선순환이란 여러 종류의 씨앗을 뿌려두면 자연스럽게 시작되는 것이다. 어떤 씨앗이 선순환에 더 좋은 역할을 할지는 그때가 되지 않으면 알 수 없다. 선순환은 결코 우연히 생기지는 않지만 그렇다고 부자연스런 행동을 일부러 할 필요는 없다. 다만 다양하게 씨앗을 뿌리는 것에 집중한다.

무언가 의도적으로 선순환을 만들어내려 애쓰다 보면 무

리가 생긴다. 사전 준비나 구조적인 상황에 따라 다르지만 선순환이 생겨날 때, 생겨날 필연성이 있을 때는 마음먹은 대로 잘 풀리게 되어 있다.

시도 방법을
좀 더 특별하게

누구나 어떤 일을 할 때 무언가 조금은 새로운 방법으로 접근하려 할 것이다. 이것에서 한 발 나아가 '시도 방법을 좀 더 새롭게' 한다거나 의식적으로 '특별한 시도'를 하려 노력하면 업무 속도가 더욱 빨라진다. 나는 이 점을 특별히 유념하고 있다. '사소한 시도'가 아니라 좀 더 철저하게 '특별한 시도'인 것이다.

예컨대 일을 빠르게 처리하기 위해서는 어떻게 해야 할까? 선배의 방식을 엿보거나 질문하는 것은 누구나 할 수 있다. 하지만 주변에서 업무 처리 속도가 가장 빠른 두 사람에게 노하우를 묻고 가장 늦은 두 사람에게 질문하여 각기

두 그룹의 공통점, 차이점을 정리하고 자신의 방법을 새롭게 고안하는 사람은 없을 것이다.

'업무 속도를 높이려 그렇게까지 할 필요가 있나' '그렇게까지 해야만 하는가'라고 느껴진다면 '바로 그런 수준의 노력과 고안이 중요하다'고 말할 수밖에 없다. 항상 도전하는 사람과 거의 아무 생각 없이 지시받은 일만 하는 사람의 차이는 너무나 크기 때문이다.

또한 일을 빨리 처리하기 위해 기존의 자료 중에서 필요한 부분을 찾아내는 것은 누구나 할 수 있다. 하지만 사내 관련 자료에서 재사용할 수 있는 부분을 사전에 선별하고 포스트잇으로 색인을 붙여 다음번에 찾는 속도를 단축할 수 있도록 준비해두는 사람은 많지 않을 것이다.

나아가 이메일이나 자료 작성의 입력 속도를 개선하기 위해 단어 등록을 하는 사람은 있지만 철저하고 빠르게 일하기 위해 몇백 개 이상의 단어를 등록하거나 이메일 주소와 URL까지 단어 등록을 해놓는 사람은 없을 것이다.

물론 업무 속도를 높이기 위해 무언가 새롭게 시도하는 사람은 많지만 그것을 철저히 하기 위해 '일을 빠르게 하는 라이프핵(life hack, 복잡하게 뒤얽힌 생활을 간단명료하게 해결한다는 의미) 블로그' 등을 작성해 다른 사람을 자극하고 스터디 모임을 개최해 더 많은 노하우를 얻으려는 사람은 극히 소수에 불과하다.

이외에도 새롭게 시도해야 부분은 수없이 많다. 항상 무언가 특별한 고안을 시도하면 업무 속도는 계속해서 빨라질 수 있으며 질적 향상까지도 꾀할 수 있다. 전체를 보는 눈도 길러진다. 조금씩 축적하여 특별한 노력이 쌓이면 종국에는 큰 차이가 생긴다.

게다가 이 노력은 정신적으로도 매우 바람직하다. 스스로가 다른 사람에 비해 차원이 다른 수준으로 노력하고 있다는 사실에서 자신감을 얻을 뿐만 아니라 선순환에 오르기도 쉽다. 주변 사람들에게 감동을 주어 다양한 정보가 모여들기도 한다. 협력자도 생겨 크게 힘들이지 않고 특별한 노력을 계속할 수 있게 된다. 이렇게 되면 거의 즐기며 일을 하는 수준에 도달할 수 있게 된다.

사전에
준비한다

일을 빠르게 진행하기 위한 포인트는 할 수 있는 일을 모두 미리 해두는 것이다. 나중에 해도 되는 일이라도 현재 시점에서 할 수 있는 일을 가능한 한 모두 서둘러 해보자. 미리 해두면 정신적으로 편하고 여유가 있으므로 안정적이고 넓은 관점을 가지고 일에 착수할 수 있다. 마음에 여유가 있으므로 두뇌회전도 잘된다.

항상 마감 직전까지 쫓기며 일에 치이는 사람이라면 사전 준비는 생각도 할 수 없을 것이다. 늘 아슬아슬하게 시간에 쫓기다 보면 눈앞의 일에 매달리게 되고 앞서서 일을 처리하거나 미리 조치를 취하지도 못한다. 게다가 상정한 일이 어긋났을 때 만회할 기회도 없어 선순환이 일어날 확률은 더더욱 낮다. 다른 사람의 협력도 얻기 어렵고 스트레스가 심하여 몸도 마음도 지치게 된다.

이런 사람이라면 어떻게 사전 준비를 할 수 있을까? 핵심을 짚어보자.

- 우선 일의 전체상을 파악한다.
- 쓸데없는 일, 불필요한 일, 급하지 않은 일을 솎아낸다. 다른 사람에게 부탁할 수 있는 일은 의뢰하여 떼어낸다.
- 자신이 아니면 할 수 없는 일에 집중하고 그것만은 먼저 마무리한다.
- 여유가 생기는 대로 조금씩 사전 준비에 착수한다.
- 3~6개월을 기준으로 전체적인 업무 순서에 변화를 준다.

시간에 쫓기는 사람은 일의 전체상을 파악하지 못하고 있는 경우가 많다. 심리적으로 여유가 없고, 스스로가 일의 전체상 따위를 이해할 수 없다고 생각하는 경우도 있다.

이러한 사고부터 바꿀 필요가 있다. 모르면 상사나 선배에게 솔직하게 묻는다. '자네 그런 것도 몰랐나. 여태 모르고 했던 거야?'라고 비웃음을 살 수도 있다. 하지만 '묻는 것은 잠깐의 부끄러움, 묻지 않는 것은 일생의 부끄러움'이라는 말이 있다.

이어서 쓸데없는 일, 불필요한 일, 급하지 않은 일을 정리할 필요가 있다. 전체상이 보이면 이것을 쉽게 판단할 수 있다. 선배와 상담하여 우선순위를 정하는 일도 중요하다. 알고 있는 사람 입장에서 보면 '어째서 이런 일을 하고 있지?' '그건 필요 없는데' '좀 더 좋은 방법이 있는데'라고 생각해도 귀찮거나 꺼려할 것을 우려해 가르쳐주지 않는 경우가 많다. 회사에 따라서는 노하우를 모조리 전수하는 곳도 있을 수 있겠지만, 그런 회사는 극히 드물다.

다음은 자신이 아니면 할 수 없는 일에 집중하도록 하자. 여기서는 새로운 시도를 다양하게 할 수 있다. 처음에는 선배, 동료와 상담하여 '이거야!'라고 생각되는 방법은 모두 해본다. 회사, 상사, 선배에 따라서는 '이 방법으로 하면 좋을 텐데' 등의 차가운 시선도 있겠지만, 그런 것을 일일이 신경 쓰면 평생 다른 사람의 말만 듣게 될 것이다.

이런 노력을 반복하다 보면 어떤 사람이든 기술이 향상

되고 일의 속도도 빨라진다. 그렇게 여유가 생기는 대로 조금씩 일을 앞당겨 하면 된다. 일을 미리 할 수 있게 되면 선순환이 시작되므로 좀 더 편하게 일을 하게 된다.

'그날 하지 않아도 되는 일은 하지 않는다'는 철학을 갖고 살아가는 사람도 있겠지만, 스스로의 성장을 간절히 원하는 사람에게는 그다지 권장하고 싶지 않은 사고방식이다. '그날 하지 않아도 되는 일은 하지 않는다'는 생각은 얼핏 합리적으로 보이지만 자세히 들여다보면 그 속에는 '일은 그저 월급을 받기 위해, 생활하기 위해 한다'는 발상이 깔려 있다. 아예 틀린 말은 아니지만 그런 사고를 가지고 있으면 일을 미리 앞당겨 할 수 없으므로 결국 업무 속도가 향상되지 않는다. 현명하게 일을 하는 것 같아도 사실은 그렇지 않은 것이다.

일을 미리 앞당겨 한다는 것은 사무실 불이 꺼질 때까지 일하거나 야근하는 것과는 거리가 멀다. 저녁에는 스터디 모임이나 세미나에 가야 하므로 퇴근 시간까지는 할 수 있는 일을 모두 해두는 정도다. 단, 나는 오늘 할 수 있는 일은 모두 미리 해둘 것을 권장한다. 급한 사안이 아니라도 오늘 할 수 있는 일은 오늘 안으로 처리한다. 장시간 노동을 권유하는 것이 아니라 자신에게 허용된 시간 내에서의 자세를 말하는 것이다. 그렇게 하면 무엇보다 심리적으로 편안해진다. 스스로에게 자신감이 생기고 아드레날린이 분비된다. 긍정적으로 변하고 실력도 발휘할 수 있게 된다. 나아가 일을 앞당겨 하는 것이 전제되면 '아, 큰일 났다!' 하고 당황하는 일도 거의 없어진다. 업무와 관련된 과제를 깜빡 잊고 있었더라도 아직 시간적 여유가 충분하기 때문이다.

한 발
앞서 나간다

다른 사람보다 한 발 앞서 나가는 것은 정신 건강상 매우 바람직한 일이다. 한 발 앞선다는 것은 '나아가야 할 방향을 다른 사람보다 먼저 생각'하고 '필요한 정보를 먼저 조사'하며 '자신이 먼저 회의 일정을 잡는' 등의 행동을 의미한다. 지속하다 보면 무언가를 깨닫고 행동을 취하기 전에 항상 자신이 먼저 움직이고 있음을 깨닫게 될 것이다.

반걸음이라도 좋다. 다른 사람보다 조금이라도 앞서 걷는 것만으로 리더십을 발휘할 수 있다. 사람들은 앞서 가는 사람을 따라가려는 성질이 있기 때문이다. 상담도 들어오고 정보도 모여든다. 그렇게 되면 최선의 방법을 선택할 수 있게 되어 리더십을 발휘하기가 더욱 쉬워진다. 함께하는 동료가 늘어가므로 일을 한층 빨리 진행할 수 있다.

세상에는 누군가에게 앞을 내주고 어디에서 실패하는지 살피며 나아가려는 사람도 있다. 얼핏 현명한 선택 같지만, 나는 권장하지 않는다. 이렇게 하면 절대로 앞서 정보를 얻을 수 없다. 다른 사람보다 먼저 전체상을 파악할 수도 없다. 다른 사람보다 먼저 일에 착수하여 성과를 내거나 실패하여 교훈을 얻을 수도 없다. 위험이 클 때, 도저히 선두에 나설 용기가 나지 않을 때는 간혹 그 방법을 택할 수도 있겠지만 항상 그렇게 한다면 출발이 늦어져 아무도 자신의 뒤를 따르지 않게 된다.

물론 앞서간다고 너무 졸속으로 처리하여 실패하거나 쓸데없는 도박을 하여 일어서지 못할 정도의 중상을 입어서는 안 된다. 졸속이란 앞에 어떤 위험이 있고 무엇이 필요한지, 자신의 회사와 자신의 체력도 거의 고려하지 않고 상대도 살피지 않은 채 무턱대고 뛰어드는 것을 말한다. 성공에는 '한 발 앞서는 것'과 '지나친 졸속'의 차이를 인식하는 균형 감각이 열쇠라 볼 수 있다.

이 균형 감각은 사람에 따라 크게 다르다. 균형 감각이 좋지 않은 사람은 마음에 여유를 잃어 빨리 성과를 내려고 초조해하거나 회사와 자신의 체력은 생각하지 않고 마구 달려들어 묘하게 공격적인 행동을 보이는 경우가 많아 주변 사람들이 곧잘 질려버린다.

자신에게 이런 경향이 있지는 않은지 걱정되는 사람은 사외 사람을 이따금 만나 상담을 받는 것이 좋다. 혼자서 생각하면 균형이 깨진 사실을 깨닫지 못해 상사나 부하직원, 동료의 의견을 순수하게 받아들이지 못하고 쉽게 반발하기 때문이다.

온 힘을 다해
두 번 하는 수고를 피한다

일을 하다 보면 종종 두 번 수고하는 경우가 있다. 시간을 들여 상당히 일을 진행한 후에 자료 작성 방침이 잘못되었음을 깨닫게 되는 경우나 프로젝트를 진행하는 도중에 전제 조건이 어긋났음을 알게 되는 경우 등이 그렇다.

이런 상황을 완전히 피할 수는 없지만 최대한 피하고 싶은 것이 당연하다. 두 번 수고하는 일이 생기면 시간을 헛되이 빼앗길 뿐 아니라 순식간에 팀의 사기가 떨어져 만회하기도 힘들어진다. 또한 그 여파가 남아 끝까지 만회불능이 되어버리는 경우도 있다. 리더라면 자신감과 용기에 상처를 입고 멤버들의 신뢰도 크게 손상된다. 어떻게 하면 이런 두 번의 수고를 피할 수 있을까?

우선 처음 진행하는 일의 경우에는 주변의 경험자 몇 명에게 의견을 듣고 일의 전체상을 이해한 후 어디에 함정이 있는지를 확인해둔다. 대부분의 일은 누군가가 경험한 적이 있으며, 그 과정에서 실적을 올리기도 하고 실패를 맛보기도 했을 것이다. 그것에서 배울 수 있는 것은 모두 배운다. 벤처 혹은 개인 사업가의 경우도 마찬가지다. 사내에 경험자가 없어도 외부라면 선배는 얼마든지 있으므로 수소문하여 충분히 조언을 구하도록 하자.

또한 처음이 중요하므로 자신감이 떨어지는 상황에서는 상사와 선배에게 자주 연락하여 확인하는 것도 중요하다. 일에 대한 성공 이미지를 구축하고 반복해 생각하면 변동이 생겼을 때 바로 알아차리게 된다.

단, 한 가지 주의할 것이 있다. 두 번 수고하게 될 것을 알았을 때, 그 현실에 눈을 감아버린 채 그대로 진행하고 싶은 마음이 생기는 것 자체다. '이러면 안 돼!'라는 생각이 들어도 그것을 입 밖에 내어 팀을 실망시키기가 두렵고 상사나 선배의 눈도 신경 쓰인다. 현재의 작업을 계속하면 어떻게든 되지 않을까 하고 문제를 뒤로 미루고 싶어진다. 하지만 그런 마음은 어떻게든 이겨내야 한다. 자긍심이 강한 사람, 자신의 실패를 인정하고 싶어 하지 않는 유형의 사람이라면 더욱 주의하도록 하자.

상사나 선배가 있다면 나쁜 뉴스를 바로 공유하여 가장 신속하게 만회할 방법을 찾도록 하자. 그렇게 하지 않으면 리더 자신이 스스로 최악의 사태를 초래하게 될 것이다. 시간이 흐를수록 체계를 다시 세우는 데 시간이 걸리므로 결단이 필요하다. 좋은 조직, 좋은 상사일수록 나쁜 뉴스를 바로 공유하여 문제를 미연에 방지하고 신속하게 대응할 수 있도록 한다.

SPEED

4장

생각의
속도부터
높여라

'메모 쓰기'로
스피드 사고를 노려라

두뇌가 좋아지는 세상에서 가장 간단한 훈련법

나는 인간이라면 원래 누구나 두뇌가 좋다고 생각한다. 사람들은 학력이 좋다거나 나쁘다거나 공부를 잘한다거나 못한다는 식의 말을 하는데 그런 것은 입시공부를 극복해내는 포인트를 초중고 시절 얼마나 잘 익혔는지의 여부로 좌우될 뿐이다. 운 좋게 중학생 시절 같은 반에 훌륭한 라이벌을 만나 즐겁게 공부하거나 인문계 고교인 까닭에 모두가 어느 수준 이상으로 공부를 한 결과 좋은 학교에 들어가기도 한다. 확실히 학력이나 공부 머리는 평소 일을 하거나 생활을 하는 데에는 거의 상관이 없다. 인간의 머리는 그 자체로 충분히 좋다.

오히려 일류 대학에라도 들어가게 되면 입시전쟁에서 이겼다는 생각에 이상할 정도로 프라이드가 높거나 자신감이 지나쳐 융통성을 잃어버리는 경우가 있다. 게다가 다른 사람의 말을 들으려 하지 않으며, 인생에서 좌절을 맛본 적이 없어 다른 사람의 고통을 공감하지 못하므로 인간적인 면에서는 다소 문제가 있는 경우도 종종 있다. 시험 점수는 좋지만 '머리가 좋다'고는 말하기 어려운 경우다.

물론 장기나 바둑의 프로 기사 또는 이론물리학자, 수학자 등은 보통 사람과는 다른 특별한 두뇌를 지니고 있다. 백수 이상 앞을 읽거나 복잡한 수식을 머릿속으로 풀어낸다. 하지만 그런 능력은 일상생활은 물론 대부분의 업무와는 크게 상관이 없다. 머리가 나쁘다는 말을 듣거나 스스로를 비하해 말하는 버릇이 있는 사람이라도 차분히 문제를 생각할 수 있다. 스스로 판단을 내리고 자기 나름대로 살고 있으며 친구의 상담 상대도 되어준다. 학력에 관계없이 멋진 일을 하며 감동할 만한 삶을 살고 있는 사람은 얼마든지 많이 존재한다. 따라서 일부 예외를 제외하고 보통 사람은 원래 충분히 머리가 좋은 것이다.

다만 원래 좋았던 두뇌라도 고민과 생각, 습관에 따라 충분히 능력을 발휘하지 못하는 경우가 있다. 고민이 너무 많아 생각이 좀처럼 정리되지 않는 경험은 누구에게나 있을 것이다. 조금이라도 걱정되는 일이 있으면 집중해서 생각할 수 없다. 생각하려 해도 몇 초 뒤에는 고민에 마음을 빼앗긴다. 고민이라 말할 것까지는 없지만 마음이 복잡한 경우는 얼마든지 있다.

나는 맥킨지에 들어간 이후 A4 용지에 메모하는 습관을 계속 실천해왔다. 이는 고민과 생각, 불안감, 모호함을 없애고 본래 두뇌가 지니고 있는 능력을 발휘할 수 있게 해준다.

A4용지를 가로로 놓고 왼쪽 윗부분에 타이틀, 오른쪽 위에 날짜, 본문을 4~6줄 정도, 각 20~30자 정도 적는다. 이한 페이지를 1분 안에 쓰고 아침에 일어나서 잠자리에 들 때까지 하루에 총 10페이지를 적으면 머릿속이 깨끗하게 정리된다. 매일 10페이지의 메모 쓰기를 계속하면 확실히 두뇌 회전이 좋아진다. 일을 잘하는 사람은 더욱 명석한 인재가 된다. 이 '메모 쓰기'는 일의 스피드를 향상시키는 데 필수적인 트레이닝이므로 그 포인트와 효과를 소개하도록 하겠다.

'메모 쓰기'는 의사소통 능력을 향상시킨다

매일 10분 정도의 '메모 쓰기'를 3주간 계속하면 완전히 다른 사람처럼 두뇌가 회전하기 시작해 일의 스피드가 큰 폭으로 향상된다. 자신감도 생겨 선순환이 시작된다.

평소에도 아이디어가 꼬리에 꼬리를 물게 되고 아이디어에 대해 스스로 체계적으로 정리하고 심화하여 스스로 납득할 수 있게 된다. 잘 모르는 것에 관해 무엇을 조사하면 되는지, 누구에게 질문해야 할지, 질문할 수 있는 상대를 어떻게 찾을 것인지 등등 계속 앞으로 나아갈 수 있으므로 업무 속도가 크게 향상된다.

많은 사람들이 판단을 망설이거나 주저하고 상사가 무엇을 원하는지 잘 모르면서 막연한 불안감을 가진 채 앞으로 나아가지 못하는데 이 역시 개선된다. 상사가 무엇을 원하는지 잘 모르는 것은 대부분 자신의 문제가 아니라 상사의 문제다. 상사 자신이 부하직원에게 무엇을 지시해야 할지 잘 모르고 있거나 무엇을 원하는지 세부적인 사항까지 말하기가 귀찮거나 상사 자신도 깊이 있게 생각하고 있지 않은 경우가 무척 많기 때문이다. 대체적인 이미지는 있지만 구체적으로 무엇을 해야 할지 무엇을 해서는 안 되는지에 대해 대부분의 상사가 잘 알지 못할 뿐 아니라 깊게 생각하지도 않는다. 그뿐만 아니라 상사는 그것을 스스로 인정하려 하지 않는다.

물론 부하직원에게 무엇을 지시해야 할지를 잘 알고 있는 상사도 있다. 단, 그런 상사는 처음부터 일을 잘했기 때문에 고민하고 있는 사람의 상태를 잘 모르는 경우가 많다. 일을 할 때 망설이고 주저하고 머뭇거리게 되는 심리를 전혀 이해하지 못한다. 악의가 없음은 알고 있지만, 그런 상사에게 서툴게 질문했다가 상사로부터 "자네, 정말로 아무것도 모르고 있군"이라는 말을 듣게 될까 봐 걱정이 되어 쉽사리 질문도 못 한다.

그런 상사일수록 자신이 설마 그런 식으로 주변 사람들에게 인식되고 있을 것이라고는 자각하지 못하므로 머뭇거리는 부하직원의 초조함이 표정으로 드러난다. 온몸으로 '빨리 하게!'라는 아우라를 발산하고 있으니 심리적으로 더 위축된다. 결국 무서우므로 되묻는 것 자체가 간단하지 않다.

하지만 메모 쓰기를 몇 주간 계속하면 상사가 원하는 것을 이전보다 훨씬 잘 알게 된다. 만일 알 수 없을 때라도 이

103

전과 달리 솔직하게 되물을 수 있게 된다. 자신이 무엇을 알고 있고 무엇을 모르고 있는지 그것이 자신의 책임인지 상사의 설명 부족인지가 명확하므로 더 이상 두렵지 않은 것이다. 상사에 대한 질문이 잘 정리되면 상사가 "그래! 그거야"라고 혼자서 납득해주는 일까지 생긴다. 상사와의 관계가 원활해지고 상사로부터 신뢰도 깊어져 일이 쉬워지는 동시에 빨라진다.

한편 친구와 지인, 연인, 배우자 등 개인적인 관계에서도 의사소통이 순조로워진다. '상대가 무엇을 원하고 있는지' '그것에 대해 어떻게 대응해야 할지' '지금 무엇을 말해야 할지 혹은 무엇을 말해서는 안 되는지'를 이전보다 쉽게 파악할 수 있다. 정곡을 찌르는 대처가 가능하므로 관계 역시 개선된다. 무엇이 문제고 개선의 여지, 즉 개선할 수 있다면 어떻게 해야 좋은지 알 수 있으므로 무의미하게 침울해지는 일이 줄어든다. 나중에 걱정해도 될 일은 '그 일이 닥쳤을 때 생각하면 돼'라고 생각하게 된다.

의미 없이 고민하는 일이 줄고 모든 일에 자신감이 생긴다. 그 결과 심리적으로도 여유가 생겨 웃는 횟수가 늘어나고 선순환이 일어나 일의 속도도 점차 향상된다.

'메모 쓰기'로 막연한 불안감을 떨친다

매일 10페이지씩 '메모 쓰기'를 계속해 몇 주 정도가 지나는 시점에는 불안감이 줄어드는 경험을 하게 될 것이다. 걱정거리가 떠오를 때마다 담아두지 말고 모두 메모에 쏟아낸다. 무엇이 걱정인지, 그것이 왜 마음에 걸리는지, 신경 쓰일 때마다 몇 번이고 적는다. 타이틀의 예시를 보이면 다음과 같다.

- 과장(상사)은 새로운 프로젝트를 왜 다른 사람에게 맡겼을까?
- 과장은 어째서 항상 나에게만 심한 말을 할까?
- 과장에게 몇 번을 설명해도 전달되지 않는데, 부장에게는 어떻게 전해야 할까?
- 다음 프레젠테이션을 잘하려면 어떻게 해야 할까?
- 연인에게 어떻게 사과해야 할까?
- 연인에게서 3일 동안 메시지가 오지 않는데 혹시 화가 난 걸까?

걱정이 될 때마다 모두 쏟아내면 자신이 무엇을 걱정하고 있는지, 모호했던 점은 무엇인지, 왜 싫은지 등을 알 수 있다.

보통은 이런 걱정이나 싫어하는 일을 오히려 쓰지 않는다. 부정적인 일을 글로 쓰면 안 된다고 생각하거나 써도 아무것도 달라지지 않으니까 쓰고 싶지 않다고 밀어내기도 한다. 생각도 하기 싫은 일이므로 쓰는 것 자체가 싫다. 더 이상 생각하고 싶지 않다는 사람도 있을 것이다. 나는 그런 생각들을 굳이 밖으로 끌어낼 것을 권한다. 1분 내에 타이틀, 날짜, 4~6줄, 각 20~30자 정도로 매일 10페이지 이상 쓰면 말로 불평만 할 때와는 완전히 다른 결과를 얻어낼 수 있다. 눈앞에 글로 표현되어 있기 때문에 무엇이 걱정인지, 어째서 불안한지가 확실히 보인다. 왜 그런 기분이 되었는지 깨닫게 된다.

불안한 마음의 상당 부분을 자세히 보면 무엇이 마음에 걸리는지, 얼마나 곤란한지, 어떻게 될지를 잘 몰라 불안이 극대화된 결과가 많다. 때문에 메모를 하면 모호한 부분이 줄고 보다 평상심에 가까운 마음으로 문제를 바라보고 정리할 수 있다. 문제가 정리되면 '그래, 이렇게 하면 좋겠는데'

하고 자연스럽게 해결 방법을 찾게 된다. 그리고 '너무 불안하고 싫었는데 모두 써보니 조금 후련하다. 뭐 어떻게든 되겠지'라는 식으로 생각이 정리되고 마음이 침착해지는 경우도 적지 않다. 이렇게 불안과 모호함이 크게 줄면 좀 더 일에 집중할 수 있게 된다. 당연히 일의 스피드가 크게 향상된다.

'메모 쓰기'를 하면 두뇌회전이 좋아진다

문득 떠오르는 막연한 걱정, 떠올랐다 사라지는 불안감이 있으면 걱정이 되어 견딜 수가 없다. 이런 생각이 머릿속을 채우고 있으면 누구나 무언가를 집중해서 생각할 수 없게 된다.

하지만 '메모 쓰기'를 통해 막연한 불안감을 글로 표현하는 연습을 하면 이제까지 이해가 안 되어 집중을 흐트러트리곤 하던 걱정들이 대부분 사라진다. 머릿속에 떠오르는 생각을 방치하지 않고 그 자리에서 글로 표현하는 걸 습관화하자. 무엇이 싫은지, 그것을 어떻게 하고 싶은지, 할 수 있는 일은 무엇이고 뒤로 미뤄야 할 것은 무엇인지, 정말은 어떻게 해야 하는지 등을 망설임 없이 표현할 수 있게 된다.

언제든지 이 작업을 할 수 있게 되면 떠올랐다 사라지곤 하던 생각들을 그때그때 메모하여 명확하게 정리할 수 있다. 생각하는 것에 자신이 없었던 사람도 정리해서 메모를 하다 보면 놀랄 만큼 자신의 생각에 자신감을 가지게 될 뿐 아니라 모든 일에 여유가 생긴다. 정리하여 생각할 수 있게 되면 그 자체가 우선순위를 설정하는 작업이므로 결과적으로 선순환이 시작된다. 가장 중요한 동시에 긴급한 사안부터 자연스럽게 착수할 수 있게 된다.

또한 계속해서 메모 쓰기를 하면 순간적으로 판단할 수 있게 된다. 머릿속이 잘 정리되어 있으면 자신의 일에 관해 무엇이 중요한지, 어떤 점을 파악해두어야 할지, 어떤 문제가 일어날 수 있을지, 그 경우 어떻게 대처해야 할지를 평소에도 자연스럽게 분석할 수 있게 된다. 그것이 판단의 축이 되는 것이다.

판단의 축을 갖고 있으면 예측하지 못한 일이 발생해도 크게 당황하거나 소동을 피우는 일 없이 바로 무엇을 조사하고 확인해야 할지 파악하고 빠른 속도로 행동할 수 있게 된다. 아주 짧은 순간에 필요한 정보를 모을 수 있다. 그러면 거의 순식간에 어떻게 해야 할지가 명확히 보인다. 그러는 사이에도 새로운 정보가 들어오지만 전체상을 정확하게 파악하고 있으므로 망설임 없이 판단할 수가 있다. 그 스피드는 보통 사람의 몇 배 혹은 몇십 배나 된다.

이처럼 '메모 쓰기'를 계속하면 두뇌회전이 빨라진다. 자연스럽게 머리가 좋다는 말을 듣게 된다.

판단이 느린 사람은 이런 행동을 보고 졸속이라거나 대충이라거나 절차를 빼먹었다고 멋대로 말한다. 자신에게는 불가능한 일이므로 분해서 그런 시각으로 보는 것이다. 사실 판단이 느린 사람은 충분히 생각하기보다는 '이것도 아니야, 저것도 아니야' 하고 망설이는 시간이 훨씬 길다. 망설이면서도 사고의 질이 향상되기는커녕 겉만 훑고 끝나버리기 때문에 시간을 낭비하기 쉽다. 머릿속이 정리되지 않으니 걱정들만 떠올랐다 사라지기를 반복하면서 고민을 계속한다.

물론 순간적인 판단만으로 최종 결론까지 내린다는 의미는 아니다. 순간적으로 판단하는 버릇을 길러 지금 있는 재료만으로 일단 결론을 내린다. 일단 결론을 내리면 전체상이 좀 더 확실히 보이므로 그 시점에서 다시 검토한다.

결론을 내리지 않는 것은 무엇을 어디까지 고려하고 결론을 내려야 할지, 어떤 상황에서 어떤 결론을 내려야 할지 등의 정리를 하지 못해 판단을 뒤로 미루고 있는 것뿐이다.

정말로 일에 적용할 수 있는
문제 파악력과 해결력

업무 속도를 높이는 것은 문제 파악력과 해결력을 어떻게 강화할 것인가 하는 과제와 상당 부분 겹쳐진다. 왜냐하면 문제점을 빠르게 파악하고 그 본질을 간파하여 어떻게 해결할 것인가를 정리해 바로 해결에 나설수록 업무 속도가 향상되기 때문이다.

문제점을 빠르게 파악하려면 무엇이 문제가 될 수 있는지 평소에 계속 생각하는 것이 중요하다. 아무 생각도 하지 않고 멍하니 있었다면 문제를 발견하고 파악하는 데 시간이 걸린다. 문제는 일어나기 마련이라는 전제 하에서 항상 주의를 기울이는 것이 좋다. 이것은 자동차 운전과 마찬가지다. 운전 중 계속 주의하지 않으면 앞차와 추돌하거나 도로를 횡단 중인 사람을 발견하지 못할 수 있다.

신제품 발매의 경우 '상품에 어떤 이상이 생길 수 있을까' '고객과 판매점에서 어떤 이의를 제기해올까' '재고는 충분한가' '경쟁기업에서 결정적 대응책을 들고 나오지는 않을까' 등을 계속해서 고민하며 주의를 기울여야 한다. 아무리 사소한 일이라도 마찬가지다. '걱정하지 않아도 잘될 것이다' '이전에도 잘되었다'라고 생각하고 있다면 그 마음의 해이함 때문에 문제점이 늦게 발견된다.

문제점을 파악하고 그 본질을 간파하면 정확한 대책을 강구할 수 있으므로 늦지 않게 해결할 수 있다. 본질을 간파하지 못하고 표면적인 현상에 매몰되어 대책을 강구하지 못하면 사태는 점점 악화된다. 한번 악화되기 시작하면 악순환이 시작되고 시간이 아무리 많아도 부족하게 된다.

정말로 일에 적용할 수 있는 문제 파악력과 해결력은 자신의 역할과 책임에 비추어 성과를 낼 수 있는 핵심을 파악해 확실히 책임을 다하는 능력이다. 바꿔 말하면 근시안적 관점에서 벗어나 문제점을 즉각 파악하고 해결할 수 있는 능력이다. '그(그녀)는 일을 매우 잘한다'고 말할 때 핵심은 바로 이 능력을 가리키는 것이다. 반면 '그(그녀)는 일을 잘 못해. 미덥지 못하지'라는 것은 이 능력이 부족하기 때문이라고 해도 좋을 것이다.

하지만 이런 기본을 세심하게 가르쳐주는 상사는 거의 없다. 대부분은 '선배가 하는 것을 보고 배워야지. 지난번과 동일하게 처리하게'라는 식으로 지도하는 것이 전부다. 지난번 처리 방식이 이번 경우에도 가장 적절해서 확실히 추천할 만한 방법이라면 괜찮겠지만, 업무 환경이나 경쟁 상황은 항상 변화하기 때문에 방법도 달라져야 맞다.

상사가 과거 성공했던 방법이나 입사했을 당시의 경험을 그대로 가르치면 경우에 따라서는 큰 문제가 발생할 수 있다. 상사 자신도 자세히 배운 경험이 없고 관리직 연수를 받았다 해도 연수 자체가 각오를 다지는 수준인 경우가 많기 때문에 아무래도 경험을 토대로 행동하기 쉽다. 그러면 좋은 방법이든 잘못된 방법이든 그대로 모방하거나 더 악화된 상태로 이어진다. 그것이 회사나 그 사무실의 문화로 자리 잡게 되는 것이다.

이런 방식을 자신의 머리로 생각하고 근본부터 바꿀 필요가 있으며 실제로도 바꿀 수 있다. 그 변화를 위하여 지금부터는 업무 방식을 근본적으로 재검토하고 업무의 질과 스피드를 크게 향상시킬 수 있는 문제 파악력과 해결력을 강화하는 방법에 대해 자세히 설명하도록 하겠다.

열쇠는 머릿속을 정리하고 사안을 깊이 있게 생각하는 능력에 있다.

차원이 다른 속도를 불러올 가설사고

가설사고의 정의

'메모 쓰기'를 계속하면 모호한 부분이 없어진다. 모호했던 사고라도 곧 정리되어 생각하고 싶은 것을 빠르게 처리할 수 있게 된다. 그와 병행하여 한 단계 더 높여 목표해야 할 것이 '가설사고'다. 가설사고를 익히면 예전과는 다른 차원의 스피드를 일에 반영할 수 있다. 이것도 반드시 '메모 쓰기'로 실천하자.

가설사고란 '이것은 이런 걸까?' 하고 자신의 사고를 갖는 것, 가지려고 하는 것을 말한다. 가설사고란 말이 낯선 사람도 있겠지만 어려워할 필요는 없다. 문제점이든 해결책이든 맨 처음부터 가설을 세우고 '이것이 문제점이라면' '이렇게 하면 좋지 않을까'하고 계속 생각한다.

예컨대 목적지의 주차장을 찾는 스마트폰 앱을 개발할 경우, '차를 운전하고 있는 사람이 정말로 곤란해하는 것은 무엇인지' '주차장만 안내하면 그것으로 충분한지' '주차장 후보가 여러 곳일 경우는 어떤 기준으로 선별하여 안내하면 좋을지' 등 운전하고 있는 사람의 입장에서 계속 생각해보는 것이다. 그렇게 하면 좀 더 가려운 곳을 속 시원히 긁어주는 서비스를 제공할 수 있다.

의류 전자상거래(Electronic Commerce) 사이트의 경우를 살펴보자. 사람들은 옷을 쇼핑하는 시간을 즐긴다. 하지만 '옷을 살 때 어떤 어려움이 있는지' '무엇을 귀찮아 하는지' 등을 고객의 입장에서 철저하게 고민해보자. 그렇게 하면 쇼핑을 좋아하는 여성이라도 사실은 시간이 많지 않아 쇼핑에 시간을 쉽게 내지 못하거나 귀찮아 한다는 결론에 도달할 수도 있다.

태블릿 PC를 이용한 음식점의 고객관리 시스템을 영업하는 경우를 보자. '음식점 측은 무엇이 고민인지' '지금까지 어떻게 하고 있었는지' '고객의 입장이라면 무엇을 좋아하고 좋아하지 않는지' '음식점 간의 경쟁은 무엇이고 앞으로는 어떻게 싸워야 할지' 등 생각할 것이 너무나 많다.

일을 잘하는 사람은 평상시에도 안테나를 세우고 생각하기 때문에 처음부터 가설을 세우고 착수하여 이를 검증해나간다. 119로 전화가 걸려오면 구급차가 즉시 출동하는 것과 동일하다. 언제든 달려갈 수 있게 출동 준비를 하고 있다. 경우에 따라서는 전화가 걸려오기 전부터 문제를 미연에 방지하고 있으므로 그 사람의 프로젝트는 항상 순조롭게 진행된다.

검증을 통해 정답에 다가간다

가설은 검증하지 않으면 아무런 의미가 없다. 가설은 인터뷰를 하거나 결함 관련 정보를 분석하여 검증할 수 있다. 인터뷰는 어렵게 생각하지 말고 가장 잘 알고 있을 것 같은 사람을 바로 찾아 일단 다양한 질문을 한다. 사내직원, 고객, 협력기업 사람이라도 좋다. 이쪽에서 진지한 자세로 질문을 하면 대부분은 숨기지 않고 대답을 잘 해주는 편이다. 다행히 인간은 이야기하는 것을 좋아한다.

단, 인터뷰 상대로 적합한 사람과 그렇지 않은 사람이 있다는 점에 주의하자. 인터뷰에 적합한 사람은 하나를 물으면 두세 가지를 말해주는 사람이다. 이야기가 조금 본궤도를 벗어날 때가 있지만 이를 통해 다양한 정보를 알 수 있다. 물론 완전하게 궤도를 이탈하는 사람, 같은 이야기를 여러 차례 반복하는 사람은 서둘러 이야기를 마무리하는 것이 좋다.

인터뷰 상대로 적합하지 않은 사람은 말하는 데 서툰 사람으로, 무엇을 물어봐도 '네' '아니요' '모르겠습니다'라는 대답밖에 하지 않는다. 악의가 있는 것도 아니고 숨기려는 것도 아닌데 어쨌든 입이 무겁다. 이런 사람 중에도 드물게는 정보 수집 능력이 뛰어나고 예리한 사람이 있는데 그런 사람은 얼마 가지 않아 곧 알 수 있다. 이런 예외는 별도로 하고 대부분의 경우는 역시 서둘러 인터뷰를 마무리한다.

또한 인터뷰 상대와의 궁합에도 좋고 나쁨이 있다. 인터뷰에 적합한 사람과 자신의 궁합이 잘 맞으면 이야기가 활기를 띠며, 애초에 정한 시간을 훌쩍 넘겨도 질문에 적극적으로 응해준다. 그다지 경계도 하지 않고 친절하게 무엇이든 가르쳐준다. 반면 궁합이 맞지 않으면 입이 무척 무거워진다. 인터뷰 상대 모두와 궁합이 맞을 리가 없으므로 궁합이 나쁘다고 생각되면 신속하게 다음 사람으로 교체한다.

업무 처리 속도가 빠른 사람은 이 역시도 매우 빠르게 파악한다. 이야기를 들을 수 있는 사람에게는 마구 질문을 던지고 그렇지 않은 사람은 실례가 되지 않는 범위에서 가능한 한 짧게 끝낸다. 구체적으로 말하면, 일단 그 사람에 관해 질문하여 묻고 싶었던 질문을 대체하고 이야기가 탄력을 받지 않은 상태를 30분 내에 끝낸다. 그 이상 짧게 끝내는 것 역시 쉽지 않은 일이다.

결함 관련 정보는 사무실에서 원격으로 파악하는 것이 어려우므로 고객의 클레임, 품질관리부의 재평가, 판매점에서의 피드백 등으로 판단한다. 결함의 수준과 발생 장소에 따라서도 달라지지만 이러쿵저러쿵 해도 직접 현지에 가 고객의 소리를 듣고 눈으로 보고 피부로 느끼고 파악하는 것이 가장 바람직하다. 그렇게 해야 비로소 '전화위복'을 만들 수 있으며 새로운 사업과 서비스에 대한 힌트도 얻을 수 있다.

인터뷰나 결함 관련 정보 분석을 토대로 최초의 가설을

빠르게 수정한다. 가설사고를 할 수 있는 사람은 무슨 일이든 '이것은 이렇다' '저것은 저렇다'는 의견을 꽤 명확하게 지니고 있다. 자신의 뚜렷한 의견이 없는 경우가 거의 없다. 가설을 세우는 것이 익숙하고 기본동작으로 몸에 배어 있기 때문에 순간순간 가설을 세울 수 있다. 특별히 노력하지 않고도 자연스럽게 할 수 있다.

가설사고는 누구나 하고 있다

'가설사고'라고 하면 어렵게 들리겠지만, 실은 일상생활에서 누구나 매우 평범하게 가설사고를 하고 있다. '비가 내릴 것 같으니 우산을 가져갈까, 여름휴가에 날씨까지 좋으니 불꽃놀이 장소는 분명 엄청나게 혼잡하겠지' 하고 짐작하는 것이다. 비가 내릴 것 같다고 확신했으면서도 우산 없이 집을 나섰다가 흠뻑 젖는 일은 별로 없다. 인간은 특별히 힘을 들이거나 에너지를 사용하지 않고도 무수히 많은 가설사고를 하며 살고 있다.

　하지만 많은 사람들이 일과 관련된 가설사고에는 상당한

거부감을 느낀다. '조사도 안 하고 가설을 세우는 것은 당치도 않다'거나 '충분히 조사하고 나서 신중하게 의미를 생각하고 문제점을 정리해야 한다'고 생각한다. 무슨 일이든 항상 자신이 판단해야 한다는 것을 싫어한다.

하지만 이것에는 오해가 있다. 가설사고를 하는 사람은 가설을 세우고 있으면서도 다른 사람의 말을 듣는 순간, 필요에 따라서는 그때까지 가지고 있던 의견을 바로 수정할

가설사고

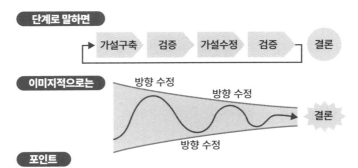

- '적당히!'가 아니라 항상 감성을 최대치로 유지하며 무엇에 대해서나 자기 나름대로 사고하고 가설을 가지고 있는 것이 대전제가 된다.
- 인터뷰, 데이터의 분석 등 검증작업을 시작하면 새로운 가설이 계속 생겨나니 가설을 수정한다.
- 이 과정의 속도와 역동성을 따라가지 못하는 사람은 갈피를 잡지 못하게 된다. 이야기를 들어주거나 배경을 설명해주는 등 사후관리와 위로가 필요하다.

수도 있다.

　가설사고를 할 수 있는 사람은 항상 가설구축, 검증, 가설수정, 검증의 단계를 전광석화로 진행한다. 항상 감성을 높게 유지하며 어떤 일에도 자기 나름의 사고를 가지고 일에 착수하거나 인터뷰를 하기 때문에 시간을 허비하는 일이 없다. 방향 수정에도 아무런 주저가 없다. 가설은 일시적이란 의식이 강하여 새로운 정보가 들어오면 바로 변경하므로 사고방식도 유연하고 역동적인 사고도 가능하다. 물론 그런 사고가 '적당히!' 수준이 아닌 것은 말할 필요도 없다.

가설사고를 익히는 방법

가설을 세우는 방법에는 약간의 훈련이 필요하다. 그리고 훈련뿐 아니라 어느 정도의 업계지식 등이 필요하며 이것이 결여되면 핵심에서 벗어난다. 나는 가설을 적중시키기 위해 가장 먼저 업계나 그 과제에 대해 잘 알고 있는 사람을 찾아가 지식을 얻으려 노력한다. 상상력과 주관적인 추론을 토대로 가설사고를 하는 것은 시간이 걸리고 정확도도 낮아 현실적이지 않다.

　가설사고가 아무래도 어려운 경우 '일시적으로 보관하는 것뿐이므로 걱정하지 않아도 된다' '나중에 얼마든지 수정하면 된다' '백 보 양보해 일단 그렇게 두는 것이 좋다'라는 식으로 생각하면 조금은 생각이 유연해지지 않을까?

　가설사고에 아무래도 익숙해지지 않는 사람은 '가설사고를 하지 않았을 때의 단점'을 꼭 생각해보자. 가설사고를 하지 않으면 결론이 나올 때까지 방대한 시간이 걸린다. 방대한 시간을 들여 정확도가 높아지면 좋겠지만, 때때로 시간이 너무 많이 소요되어 좌절하기도 한다. 좌절까지는 아니더라도 전체상을 잃어버리거나 과제 해결이 너무 늦어 문제가 더 심각해지는 경우가 많다.

　가설사고가 어려운 사람이라도 일단은 과감하게 해보도록 하자. 몇 번인가 사고하는 사이 '처음에 일괄적으로 조사하지 않으면 안심이 안 되고 기분이 찜찜하다'라는 생각이 조금씩 사라질 것이다.

스피드 사고에도
도전한다

가설사고와 마찬가지로 '스피드 사고'도 매우 중요한 사고 방식이다. 스피드 사고란 '원래의 바람직한 모습은 무엇인가?' '실제로는 어떻게 되었어야 하는가?'를 전례나 현상에 매몰되지 않고 철저하게 사고하는 것이다. 이것도 '메모 쓰기'와 매우 궁합이 좋다.

이때 전제로 알아야 할 것은 소속되어 있는 조직 안에는 다양한 '암묵적인 전제조건'과 '제약조건'이 있어 원래는 어떻게 해야 하는가를 온전히 생각하기가 어렵다는 점이다.

조직 안의 암묵적인 전제조건이란 '당사에서는 고객의 소리보다 상품기획자의 센스를 우선한다' '소비자는 자신이 무엇을 원하고 있는지 모르고 있다' '어쨌든 싸게 만들면 팔릴 것이다' '신상품 개발에는 적어도 2년은 걸린다' '품질에 관해서는 고객지원 부서가 대응하고 불만 등을 해결해야 한다' 등 아무도 입 밖으로 내지는 않지만 분명 조직의 행동원리에 젖어 있는 것을 말한다.

그리고 제약조건이란 '경쟁을 생각하면 가격이 15,000원 이상이면 안 된다' '본사 비용의 배분은 매년 5% 증가를 피할 수 없다' '프로젝트 팀장은 부장직 이상이 맡아야 한다' 등이다.

나아가 스스로도 이해관계의 함정에 빠지기 쉽다. 자신의 이해관계란 어떤 일이 자신에게 이익이고 손해인가를 따지는 사고방식으로 이것이 계속되다 보면 결국 객관적인 관점을 잃게 된다. 이를 의식하며 리스트를 작성하고 검토하면 좀 더 자유로운 발상을 할 수 있게 된다.

또한 국내에서는 당연하게 여겨지는 일도 세계적으로 보면 전혀 당연하지 않은 일이 많다. '잔업은 당연한 것' '서비스 잔업은 피할 수 없는 것' '연차휴가는 모두 소화할 수 없기 마련' '지시받은 업무뿐 아니라 눈치껏 대응한다' '지나치게 의견을 내세우면 너무 눈에 띄어 좋지 않다' 등은 일본이나 한국과 같은 동양적 상식에 지나지 않는다. 이러한 상식이 옳지 않다고 생각하더라도 이러한 분위기에 저항하려면 상당한 용기가 필요하다.

때문에 스피드 사고를 하려면 다른 나라 사람과도 적극적으로 접촉하고 의견을 교환해야 한다. 그렇게 하면 당연하게 여기며 전혀 의심하지 않았던 일들도 세계적인 시각에서 보면 상당히 특수한 일이었음을 깨닫게 된다.

특히 일본은 섬나라로, 한 번도 다른 나라의 공격을 받은 적이 없고 17세기부터 약 200년 이상이나 쇄국 정책을 써서 외국인 비율이 매우 낮았다. 그 결과 독특한 문화와 관점을 가지게 되었다는 점을 인식해둘 필요가 있다. 물론 고객에 대한 융성한 대접, 친절, 정중, 성실, 강한 인내심, 학습과 연구에 열심인 점 등등의 미덕도 있지만 세계적으로 경쟁할 필요가 있는 시대에는 스피드 사고를 의식적으로 배울 필요가 있다.

스피드 사고는 미숙하거나 과격하게 현상을 무시하는 방법을 사용하는 것이 아니다. 어디까지나 깊이 있게 현실에 대해 이해하고 대담한 발상으로 본연의 모습과 목표 달성까지의 현실적인 단계를 그릴 수 있어야 한다.

철저하게 사고하는 것이 습관이 된 소수의 사람이 아니라도 누구나 의식적으로 스피드 사고에 도전하길 추천한다. 이를 통해 시야가 크게 확장되고 나면 지금까지 자신의 발상은 대체 무엇이었을까 하고 이상하게 생각될 정도다. 스피드 사고를 시작하면 처음에는 불쾌감을 느낄 수도 있다. 지금까지 자신이 안심하며 젖어 있던 틀을 깨고 새로이 발돋움을 해야 하기 때문이다. 익숙하지 않은 스트레칭일 것이다. 다만 본질적으로 합리적이기 때문에 익숙해지고 나면

효과적인 문제 해결을 위한 방법이 스피드 사고

- 원래 어떠해야 하는지 철저하게 생각한다.
- 조직 내부의 암묵적 전제조건, 제약조건 및 스스로의 이해관계를 의식하고 리스트를 작성하여 하나하나 검토하며 생각해본다.
- '일본이나 한국의 동양적 상식이 세계적인 비상식'임을 명심하고 외국인과의 적극적인 접촉과 의견 교환을 꾀한다.
- 유치하고, 단순히 과격하며 현실을 무시하는 방식은 미숙하다. 그와는 달리 깊이 있는 현실 이해와 대담한 발상으로 본연의 자세와 달성까지의 현실적인 단계를 그려보자.

- 처음에는 불쾌감을 느낄 수도 있다.
- 익숙해지면 매우 유쾌하다.
- 혼자의 노력만으로는 어려울 수 있다.

기분이 매우 유쾌할 것이다.

'이것은 생각하지 않도록 하자''이것은 어쩔 수 없다''이것은 우리 방식이 아니다''새로운 방법에는 가능한 눈을 감자' 등의 사고 제한으로부터 해방되므로 발상도 자유로워진다. 앞으로 꼭 도전해보길 바라지만 혼자만의 노력으로는 그렇게 간단하지 않을 것이다. 스피드 사고를 통해 성장하고 있는 선배나 친구와의 접촉 기회를 늘리고 자극을 받는 것이 가장 간단하고 빠른 길이다.

심층사고로
진실을 탐구한다

모든 것에 계속 의문을 갖는다

'메모 쓰기'를 하면서 가설사고나 스피드 사고를 하는 데에 더 중요한 것은 들은 것, 생각한 것, 느낀 것 모두를 깊이 있게 파고드는 심층사고다. 가설을 세운 후, 납득될 때까지 '왜'를 반복하고 다른 사람에게 들은 것, 신문, 잡지, 인터넷에서 읽은 것을 모두 활용하여 근본부터 계속 의문을 품는다.

들은 바를 의심하는 것이 아니라 들은 것, 본 것 모두를 스스로 소화하고 나서 필요에 따라서는 조사하고 납득이 갈 때까지 계속 생각하는 것이다. '이야기를 들려준 사람의 말이 정말인지, 정말이 아닌지' '진실을 전달하려 했는지, 그러지 않았는지' '생각을 전달한 것뿐인지, 사실관계를 확인하고 나서 전달했는지' 등은 아무것도 알 수 없다.

따라서 계속 생각하고 가설을 구축하고 검증하고 수정하는 과정을 반복할 수밖에 없다. 납득이 될 때까지 스스로에게 '왜'라고 계속해서 묻는다. 그것이 '분석력'과 '독창성'을 철저하게 단련하는 길이다.

예컨대 '앱의 실제사용유저(AU, Active User) 수가 줄고 있다'는 말을 들었다면 '왜 감소하고 있는지' '어떤 부분이 감소하고 있는지' '언제부터 감소하고 있는지' '정말로 감소하고 있는지' '산출 방법은 옳았는지'를 확인하고 나아가 '경쟁도 줄고 있지 않을까' '증가하는 부분도 있지 않을까' '계절 변동이 아닐까' 등도 확인한다.

'30~40대의 남성 유저가 줄고 있다'라는 사실을 알았다면 '어째서 30~40대일까' '30~40대에서 감소한 유저의 공통점은 무엇일까' '이 경향은 20대나 40대 이상에서는 보이지 않을까' '언제부터 현저하게 감소하고 있을까' '반대로 증가하고 있는 부분은 없을까' 등까지 확인해나간다.

자신의 머리로 생각하지 않는 사람은 위험

다른 사람에게서 들은 이야기를 그대로 꿀꺽 받아 삼키거나 자신의 두뇌로 생각하지 않는 사람은 무엇을 해도 위험하다. 그다지 생각을 하지 않으니 이해도 깊지 않아 정말인지 아닌지 알 수 없다. 확인하려 해도 다음과 같은 대화가 오갈 뿐이다.

"이렇습니까?"

"예, 그렇습니다."

"네? 이쪽이 아닌가요?"

"아, 그럴지도 모르겠습니다."

"그러면 어느 쪽인가요?"

"잘 모르겠네요. 그런 식으로 말씀하시니 곤란하네요."

이처럼 자신의 입장이 명확하지 않다.

다른 사람에게서 들은 이야기를 그대로 받아들이는 사람은 아무런 의심 없이 상대가 하는 말만 듣고 그것으로 충분하다고 생각한다. 다른 사람의 이야기를 정중히 들어주는 것도 좋지만 '어? 어째서 그렇지?'라는 한 치의 의문도 없이 좀 더 깊이 있게 파고들려 하지 않는다. 자신의 두뇌로 상황을 재구축해보지도 않는다. 따라서 상사가 조금만 따져 물어도 '모르겠습니다' '물어보지 않았습니다' '그게……'라고 말하는 게 대응의 전부다.

다른 사람의 말을 순수하게 듣는 것과 통째로 꿀꺽 삼켜버리는 것은 다른 문제다. 순수하게 듣는 것은 감정적으로 반발하거나 반론하지 않고 우선 상대가 말하는 것을 모두 잘 들어주는 것이다. 단, 이야기를 듣기만 하고 끝나는 일은 거의 없으므로 들은 후에 내용 확인과 질문을 하고 문제의 본질이나 해결책을 충분히 깊이 있게 검토해야 비로소 의미 있는 일이 된다.

심층사고의 포인트

깊이 있게 사고하고 검토하는 데 중요한 점은 정중한 자세를 잃지 않으면서 상대가 조금은 귀찮아해도 주저하지 않고 계속 묻는 것이다. 주저하면 아무것도 시작할 수 없다. 상대가 귀찮아하는 데에는 크게 세 가지 이유가 있다.

첫째 이유는 불필요한 이야기를 하여 귀찮은 일에 휘말

리고 싶지 않기 때문이다. 질문을 받는 시점에 소극적이 되어 도망칠 자세를 취하고 있는 경우가 많다. 본인이 결함 등의 원인과 관련되어 있는가 하면, 동료를 보호하려는 경우도 있다. 이때는 어떻게든 표면적인 질문을 주고받는 것에 그쳐서는 안 된다. 상대가 방어적인 자세를 취한다고 물러나면 안 되지만 그렇다고 따져 묻는 듯한 자세도 바람직하지 않다. 담담하게 사실관계를 파악하지 않으면 안 된다.

둘째 이유는 일이 바빠 사무실에도 거의 없을 때가 많아서 이런 일에 시간을 빼앗기는 것 자체가 성가신 경우다. 하지만 의미 없이 질문을 하는 것이 아니므로 가능한 한 짧은 시간 안에 질문을 마치면서도 결코 의문점을 소홀히 넘겨서는 안 된다. 종종 중요한 진실이 숨어 있을 수 있기 때문이다.

셋째 이유는 평소 그다지 많은 생각을 하지 않는 사람에 해당하는데, 질문을 받고 대답을 하는 것 자체가 귀찮은 것이다. 이것은 인내를 가지고 대할 수밖에 없다. 단, 이런 사람은 정보에 대한 감성이 낮으므로 무엇을 물어도 크게 새로운 사실이나 발견이 없는 경우가 많기 때문에 나의 경우에는 질문을 서둘러 마무리하곤 한다.

여기서 주의할 점이 한 가지 있다. 일반적으로는 상대의 이야기를 끊지 않고 들어주는 것이 좋다고 하지만 사실 그보다는 중간 중간 '왜 그렇지요?'라고 되묻는 쪽이 더 이야기에 활기가 돈다. 진지하게 듣고 진지하게 질문하면 상대도 기꺼이 설명을 해주므로 깊이 있는 이해가 가능하다.

자신이 이야기하는 입장이 되었을 때를 상상해보면 알 수 있을 것이다. 이야기하기 가장 좋은 조건은 상대가 자신의 이야기에 맞장구를 쳐주는 동시에 이해를 하고 다시 좋은 질문을 해주는 것이다. 그러면 기분이 좋아 계속 이야기하게 되는 것이 인간의 마음이다.

그다지 반응을 보이지 않고 질문도 없이 묵묵히 듣기만 한다면 대부분의 사람은 상대가 이해하고 있는지 알 수 없어 불안을 느끼게 되고 계속해서 무엇을 이야기해야 할지 몰라 계속 말하기가 곤란해진다. 그러므로 상대의 이야기를 진지하게 듣다가 사소한 것이라도 의문이 생기면 정중하고도 솔직하게 질문을 하자. 그렇게 자기 나름대로 이야기의 전체상을 구성해나간다. 이렇게 하면 다른 사람의 이야기를 음미하지 않고 그대로 받아들이는 일이 꽤 줄어들 것이다.

호의와 존경의 마음을 담아 질문한다

다만 질문할 때 주의할 점이 있다. 잘 모르기 때문에 묻는 것이지만, 상대에 대한 호의와 존경의 마음을 담아 질문해야 한다.

그럼에도 대부분의 경우 자신이 위에서 내려다보는 듯한 느낌으로 '좀 더 잘 설명해줘야지. 머리가 나쁜 거 아니야?' '이 사람, 정말은 아무것도 모르고 있잖아' '좀 더 잘 생각하고 설명해줘야지'라고 생각하면서 질문하는 경우가 있다. 이것은 절대로 있어서는 안 되는 일이다.

이런 기분이 조금이라도 있다면 상대는 그 자리에서 알아차리고 자신에게 거부감을 느껴 알고 있는 일도 말해주지 않는다. 질문을 할 때는 상대에 대한 가치판단이 아니라 순수하게 호기심을 가지고 성의를 다해 정성스럽게 질문을 해나가야 한다. 결코 심문이 되어서는 안 된다.

이 점은 사실 나도 조절이 잘 안 된다. 호기심이 강해 이 사람이 대단하다고 생각되면 흥분을 하여 계속 질문을 하기 때문이다. '이렇게 질문하면 좋지 않겠지'라고 생각하면서도 계속 파고들게 된다. 그 결과 문제점의 본질과 구조, 해결책까지 한눈에 들어와 그만두려 해도 그만둘 수가 없는 것이다.

하지만 여러분은 꼭 미소를 머금고 정중한 어투로 부드럽게 리드하며 질문을 해나가기를 권한다. 그렇지 않으면 번잡한 사람 취급을 받기 마련이다. 일을 잘하는 사람과 그렇지 않은 사람을 가르는 것은 적절한 스타일로 어디까지 질문할 수 있는가 하는 점이다.

심층사고의 이미지

마지막으로 '깊이 파고들기'의 이미지를 제시하도록 하겠다.

오른편의 그림은 지면을 파고들어가다 보면 어느 지점에서 암반을 만나게 되는 이미지를 나타낸 것이다. 질문과 분석을 계속 하다 보면 어느 지점에서 '과연, 그렇군' '아, 알겠어'라고 생각하게 된다. 그때까지 계속 질문하고 분석하다 보면 그 문제의 본질을 거의 파악하게 되어 제시된 최초의 포인트가 사실은 무엇이었는지 알 수 있는 지점까지 파내려갈 수 있다.

납득이 될 때까지 질문한다는 것은 이 의미로, 그때까지 고삐를 늦춰서는 안 된다. 상대가 조금 귀찮아해도 의심스러운 부분이 있으면 '왜'를 계속해서 묻는 것이 열쇠다.

상대가 이야기하고 싶은 내용이라면 탐구심을 달가워하며 이야기해주겠지만, 상대가 그다지 말하고 싶지 않은 내용이라면 귀찮게 여기는 것을 피할 수 없다. 문제의식과 호기심이 매우 강하지 않으면 깊이 파고드는 것은 간단한 일이 아니지만 꼭 노력해보길 바란다.

진실의 탐구 ... 심층사고의 중요성

**납득이 될 때까지 '왜'를 계속해서 던진다
이것이 '분석력'과 '독창성'을 만든다**

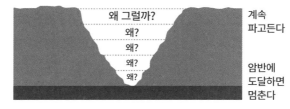

포인트

- 상대가 조금 귀찮아해도 의심스러운 점은 '왜'를 계속한다.
- 간단할 것 같지만 상당한 노력이 필요하다. 문제의식과 호기심이 무척 강하지 않으면 계속해서 질문하기 어렵다.
- 생각하는 훈련에 안성맞춤이다.

프레임워크 작성
트레이닝

프레임워크는 회의나 논의에서 위력을 발휘한다

프레임워크란 사고를 정리하기 위한 틀(frame)이다. 통상은 2×2 또는 3×3으로 정리한다. 복수의 아이디어, 문제점을 두 개의 축, 총 네 개의 상자(2×2의 경우)로 정리하면 머릿속에서 한데 엉켜 있던 아이디어나 문제점이 분리된다. 우선순위가 명확해지고 효과적으로 착수할 수 있다. 무엇인가를 검토할 때 프레임워크를 바로 작성할 수 있게 되면 모호함이 순식간에 정리된다.

프레임워크가 특히 위력을 발휘하는 것은 여러 명이 논

의하고 있을 때다. 여러 명이 논의하는 경우, 이야기가 흩어지기 쉽다. 모두 자신의 기준으로 생각하고 주장하므로 논의가 상당히 진전된 후에 기준이 어긋나 있음을 알게 되면 피로감마저 느끼게 된다.

예컨대 고객으로부터 클레임이 있는 경우, 어떤 사람은 불만의 심각성과 대응의 긴급성을 고려하여 A안을 주장한다. 다른 사람은 어떤 클레임이 많은지 정리하여 수익에 미치는 영향 정도를 고려하여 B안을 주장한다. 또 다른 사람은 비용이 들지 않는 방법으로 C안을 주장한다.

대개의 경우 모두가 자신의 안을 주장하는 데 열심이어서 왜 그 안으로 했는지, 어떤 기준으로 선정했는지 어떤 옵션을 고려했는지는 상세히 설명하지 않는다. 기준이 다르면 무엇을 선택해야 하는지도 바뀌는데 기준 자체도 깊게 생각하지 않았기 때문에 논의가 계속해서 길어지고 상당한 시간이 지난 후에야 판단기준이 일치하지 않았음을 깨닫게 된다. 시간이 낭비될 뿐 아니라 피로가 몰려들어 업무 스피드에 심각한 영향을 미친다.

이에 비해 프레임워크를 잘 활용하면 대부분 논의가 극적으로 순조로워진다.

사안을 명확하게 정리하는 '프레임워크'

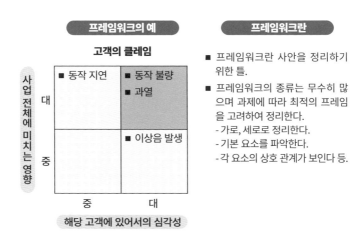

프레임워크의 예

고객의 클레임

	중	대
대	■ 동작 지연	■ 동작 불량 ■ 과열
중		■ 이상음 발생

사업 전체에 미치는 영향

해당 고객에 있어서의 심각성

프레임워크란

- 프레임워크란 사안을 정리하기 위한 틀.
- 프레임워크의 종류는 무수히 많으며 과제에 따라 최적의 프레임을 고려하여 정리한다.
  - 가로, 세로로 정리한다.
  - 기본 요소를 파악한다.
  - 각 요소의 상호 관계가 보인다 등.

고객이 클레임을 호소할 때는 어떤 불만이 있는지, 불만을 네 가지로 분류하고 어떻게 두 축으로 정리할 것인지를 먼저 논의한 후 합의한다. 예컨대 '해당 고객의 심각성'과 '사업 전체에 미치는 영향'이 중요하다는 합의에 도달했다면 이것을 두 축으로 놓고 네 개의 상자(우상, 좌상, 우하, 좌하)에 무엇을 쓸 것인지 논의하여 기입하면 모두가 같은 시각으로 현실을 볼 수 있게 된다.

프레임워크는 연습만이 열쇠

프레임워크는 문제점을 분류하고 일의 우선순위를 명확하게 하여 스피드를 향상시키는 데 매우 강력한 방법이지만 자유자재로 구사하기까지는 상당한 연습량이 필요하다. 적어도 20~30회의 실전을 겪어야 익숙해지며 평범하게 일하고 있다면 크게 사용할 기회가 없다. 딱히 프레임워크를 사용하지 않고도 일을 끝내려면 끝낼 수 있기 때문이다. 단 그렇게 하면 언제까지고 프레임워크를 마스터할 수 없다.

지금 이상으로 성장하고 크게 비약하고 싶은 사람에게는 프레임워크가 절대적으로 필요한 도구다. 따라서 계속 사용하여 익숙해질 필요가 있다. '좋아하는 음식'이나 '읽고 싶은 책' 등 사소한 일을 타이틀로 하고 이 2×2 프레임워크로 정리하면 연습하기가 쉽다.

'좋아하는 음식'이라면 세로축을 '한식과 기타', 가로축을 '주식과 기타'로 나눠본다. 혹은 세로축을 '면류, 기타'로 가로축을 '조리 방법'으로 분류해본다. 또 '읽고 싶은 책'이라면 세로축을 '취미 책, 공부 책' 가로축을 '살 책, 빌릴 책'으로 분류해보거나 세로축을 '한국에 대해, 해외에 대해' 가로축을 '책, 잡지'로 분류해본다.

세로축, 가로축을 결정하는 방법에는 여러 종류가 있을 수 있으므로 몇 가지를 써보고 그 타이틀에 가장 적합한 것을 선택하는 것이 포인트다. 실제로 여러 종류를 써보면 어떤 축이 딱 들어맞는지, 어떤 축은 정리가 어려운지, 그 타이틀에는 어떤 타입의 축이 효과적인 분류인지 점차 알 수 있게 된다.

한편 자신의 외적 문제에만 프레임워크가 효과적인 것은 아니다. 타이틀로 '애인으로 삼고 싶은 타입' '어떤 결혼 생활을 해야 할까' 등 기호를 정리하면 자신에 관해 이해하고 재확인할 수 있을 뿐 아니라 문제에 어떻게 접근해야 할지도 알 수 있게 된다.

다음과 같이 A4 용지를 가로로 놓고 2×2 프레임워크를 상하로 3개씩 모두 6개를 그려 50장 정도 복사한다. 매일 한 페이지에 6개의 프레임워크를 작성하는 연습을 하면 몇 주 만에 놀랄 만큼 머릿속이 선명해진다. 타이틀을 생각만 해도 사용할 수 있는 축이 여럿 떠오르게 된다.

매일 날짜를 기입해 작성한 프레임워크의 연습 결과를 버리지 말고 모아두면 성장 과정을 알 수 있어 후에 동기부

A4용지로 프레임워크 작성 연습을 하자(매일 6개)

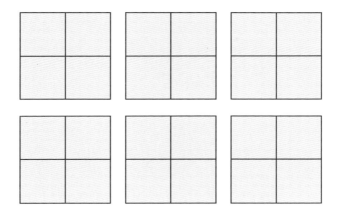

여가 된다. 어떤 타이틀이 쓰기 쉬운지, 어떤 축의 선택법이 정리하기 쉬운지, 어떤 유형은 바로 쓸 수 있고 어떤 유형은 어려운지, 자신이 어떻게 성장해왔는지 한눈에 볼 수 있다. 프레임워크에 익숙해지면 회의에서 의견이 분분할 때도 상황을 멋지게 정리할 수 있다. A와 B의 주장에서 같은 점은 무엇이고 다른 점은 무엇인지, 당당히 일어서서 화이트보드에 정리할 수 있다. 어떻게 그런 기술을 익혔는지 질문을 받게 되면 과거 연습 과정의 일부를 보여주자. 동료에게도 큰 자극이 될 것이다.

SPEED

5장

효율을
최대치로 끌어올리는
업무 습관

매일 아침저녁 30분을 정보 수집에 할애한다

업무의 속도를 향상시키는 데 정보 수집 능력의 강화는 필수적이다. 뛰어난 정보 수집 능력을 지니고 있으면 항상 상황을 정확하게 판단하여 가장 나은 대처를 해나갈 수 있다. 정보 수집을 가볍게 여기면 열심히 노력해도 결과가 잘못된 방향으로 흐를 수 있다. 사태를 깨달았을 때는 이미 고객의 요구나 업계 동향을 따라갈 수 없는 지경이 되어 있기도 한다.

　나는 업무 특성상 많은 사람들을 만나는데, 정보 수집이 중요하다고 생각은 하지만 효과적으로 실천하며 일에 활용하는 사람은 많지 않다. 매우 안타까운 일이다. 내가 소개하는 새로운 방법을 잘 이해하고 조금이라도 참고가 된다면 기쁘겠다.

낮에는 사람을 만나거나 회의를 하고 필요한 자료를 작성해야 하므로 시간적 여유가 없다. 유능한 사람일수록 바쁘다. 인터넷에서 정보를 수집하는 시간을 확보하기가 쉽지 않으며 시간이 있다 해도 정보에 집중할 만한 심리적 여유가 없다. 그래도 일의 스피드 향상을 위해 정보 수집 능력 강화를 원하는 사람에게는 매일 아침과 매일 저녁, 자택에서 30분간 인터넷으로 기사 읽기를 권장하고 있다.

왜 자택인가?

자기 집에서는 크게 방해받을 일이 없다. '잠깐 볼까?' 하는 상사도 없고 '죄송한데, 이 부분을 모르겠어요'라고 물어오는 부하직원도 없으며 업무 협조 의뢰를 해오는 타 부서 사람도 없다. 잡음이나 소음이 거의 없어 집중하고 읽을 수 있으므로 회사와 비교하면 몇 배나 더 효율적이다. 단 어린 자녀가 있어 아이가 잠든 후나 일어나기 직전 시간이 아니면 좀처럼 집중할 수 없다는 사람의 경우는 출근하기 전에 카페를 이용하는 방법도 차선책으로 고려해볼 수 있다.

가능하면 집에서는 일하지 않는다는 사람도 있지만 나의 경우에는 오히려 집이 자유로워 생산성이 오르는 경우가 많다. 따라서 일의 스피드 향상이나 성장을 원하는 사람은 집에서도 일을 할 수 있는 환경을 만드는 것이 바람직하다. 그렇게 하지 않으면 일이 끝날 때까지 사무실을 떠날 수 없으며 마감에 쫓겨 휴일에도 출근을 해야 하기 때문이다.

일을 마칠 때까지 사무실을 벗어나지 못하면 지인과의 만남도 제한되며 스터디 모임이나 세미나 참가도 어렵다. 물론, 애인이나 가족과의 약속도 지키기 어렵다. 한국인과 일본인은 지나칠 정도로 모든 것을 직장에 올인하기 때문에 그 점을 시정하기 위해서라도 좀 더 업무의 자율성을 확보하는 것이 좋다. 집에서까지 일하면 회사밖에 모르는 인간이 아니냐고 반문하는 사람도 있다. 하지만 일을 지금까지보다 몇 배 더 빠르고 쾌적하게 진행하면 여유 시간에 사생활을 충분히 즐길 수 있으므로 집에서 짬을 내어 일하는 것을 무턱대고 부정할 수는 없다.

어쨌든 이 방법에 관해 설명할 때는 '해보지 않으면 알 수 없으므로 한번 해보는 것이 좋다'라고 권하는 편이다. 해보지도 않고, 혹은 대충 해보고 잘 안 된다고 포기하는 것은 너무나 안타까운 일이다. 중요한 뉴스는 매일매일 있다. 예컨대 애플이나 구글이 운영하는 애플리케이션 마켓의 규약이 갑자기 바뀌고 지금까지 순조롭게 오르고 있던 애플리케이션의 수익이 갑자기 하락하기도 한다. 자사와 정면으로 경쟁하게 될 사업에 대기업이 뛰어들겠다고 발표하는 경우도 있다. 또한 중요한 내용의 뉴스 외에도 매일 몇백, 몇천 건의 새로운 기사가 씌어지고 있으며 그중 상당수가 업무에 많은 참고가 된다. 기사를 읽으면 업무 방식, 경영 방침에 대한 재검토가 가능하며 다양한 아이디어를 얻을 수도 있다. 이 작업을 매일 꾸준히 하면 잠자리에 들기 전에 반드시 양치질을 하듯이 정보 수집이 습관화된다.

왜 30분으로 제한하는가?

시간을 정해놓지 않으면 눈에 띄는 뉴스, 참고가 되는 기사가 너무 많아 시간이 흐르는 줄도 모르고 계속 빠져들게 된다. 정보 수집은 어디까지나 성장, 업무의 방향성 모색, 아웃풋의 질과 양을 향상시키기 위함이지 그 자체가 목적은 아니다. 과거에는 책을 사거나 빌려서 소중하게 읽었지만 지금은 정보가 넘쳐난다. 참고가 될 만한 정보도 홍수처럼 밀려든다. 따라서 매일 아침, 매일 밤 30분이란 규칙을 정해놓고 그 시간 내에 필사적으로 중요한 것부터 흡수해가는 방법을 권장한다. 시간을 정해놓으면 정보의 홍수 속에서 살아남는 방법, 특히 우선순위를 결정하는 방법을 익히게 된다. 그렇게 되면 업무 속도는 점점 더 향상된다.

매일 아침, 매일 밤 자택에서 30분씩 총 1시간을 투자하면 사실 꽤 많은 시간을 투자하는 것이다. 같은 시간에 영어를 필사적으로 공부하면 상당한 발전을 볼 수 있다. 사고를 심화하는 것, 정리하는 것, 서류의 완성도를 높이는 것, 인맥을 넓히는 것, 블로그 글쓰기 등 그 외의 업무라도 이 정도의 시간을 들여 집중하면 무엇이든 상당한 진전을 이룰수 있다. 이런 관점에서 보면 아무리 읽을 것이 많아도 아침, 저녁 30분은 매우 귀한 시간이다. 그 이상의 시간을 들이는 건 무리가 있다. 한편 30분 이하로 시간을 줄이면 세상의 동향을 따라가지 못하고 계속 뒤처질 우려가 있다. 한

번 그렇게 되면 악순환이 시작된다. 그 경계가 매일 아침, 매일 저녁 30분이다. 도저히 시간을 낼 수 없더라도 각각 20분은 할애해야 한다.

이렇게 말하는 나도 30분을 넘기지 않으려 애쓰면서도 다소 넘길 때가 많아 후회하는 날이 많다. 정보 수집은 어디까지나 수단일 뿐이지 목적이 아니기 때문이다. 수단에 시간을 너무 많이 투자하는 것은 옳지 않다. 뒤에서 설명하겠지만 매일 아침 30분은 구글 알리미, 메일 매거진, 타임라인 등을 이용해 기사를 모두 읽는다. 매일 밤 30분은 그날 조금 신경이 쓰이거나 의문이 들거나 회의에서 몰랐던 단어를 인터넷으로 검색해 읽는다. 이것이 머릿속과 생각을 정리하는 데 많은 도움이 된다. 의문점을 계속 품고 있지 않으니 점차 성장해간다는 느낌을 받게 된다.

중요한 기사는 인쇄한다

매일 아침, 매일 밤 30분 정보를 수집할 때 특별히 중요한 기사는 북마크나 에버노트에 저장하는 것에 그치지 말고 인쇄를 하자. 인쇄하여 메모를 하고 테마별로 분류해 저장하면 PC로 읽을 때보다 훨씬 머릿속에 잘 들어온다. 서류를 작성할 때도 수집한 자료를 펼쳐놓고 보면서 작업하면 PC에서 북마크나 에버노트, 파일로 찾을 때보다 훨씬 작업하기 쉽다.

덧붙이자면 나는 웨어러블(wearable), 디지털 헬스케어, IOT(Internet of Things, 일명 사물 인터넷이라 불리며 인터넷을 기반으로 사람과 사물, 사물과 사물 간의 정보를 연결하여 상호 소통하는 지능형 기술 및 환경), 빅데이터(Big Data) 등의 폴더를 만들어 중요 기사를 보관하고 있다. 블로그에 글을 쓰거나 강연 자료를 작성할 때는 해당 폴더의 내용을 모두 검토하고 특별히 중요한 점은 자료 오른쪽 상단에 써두거나 본문에 붉은 펜으로 동그라미를 치면서 머릿속을 정리하고 나서 빠르게 써나간다.

중요한 정보는 인쇄도 해야 하므로 외출 중에 스마트폰을 이용해 수집할 것이 아니라 가능한 한 매일 아침과 밤 자택에서 정해진 30분 동안 하도록 하자. 스마트폰으로는 유용한 기사를 읽어도 바로 인쇄할 수가 없다.

또한, 인쇄를 위해서는 자택에 흑백 레이저프린트를 준비하는 것이 좋다. 저렴한 버전은 약 8만 원 전후부터 있으

며 사용이 매우 편리하다. 레이저프린트는 인쇄 속도가 압
도적으로 빠르며 유지비용이 매우 저렴한 장점이 있다.

통근 시간에는
영어 공부나 독서를

매일 아침, 매일 밤 자택에서 30분을 투자해 정보를 수집한다면 통근 시간에는 무엇을 하면 좋을까? 출퇴근 시간에는 스마트폰을 이용해 뉴스를 훑어보는 것도 좋겠다. 하지만 좀 더 집중해서 영어를 공부하거나 전자 서적을 읽는 것이 바람직하다. 만원 전철 속에서는 그편이 훨씬 생산성이 높기 때문이다. 기사를 읽고 코멘트를 달아 팀원들과 공유하거나 관련 기사를 읽고 작성 중인 서류에 반영하는 것까지 만원전차 속에서 처리하기는 쉽지 않다. 특히 스마트폰으로 타자를 쳐서 문장을 작성하는 것은 도저히 불가능한 일이다.

영어 능력은 일의 종류나 자신의 성장 목표에 따라서는 떼려야 뗄 수가 없는 중요한 부분이다. 영어를 못하면 종사할 수 있는 직종이나 회사에 많은 제약이 따른다. 국내를 벗어나서는 네트워크를 확장할 수도 없으며 해외에서 개최되는 회의에서 각국 인사와 자유롭게 의사소통을 할 수도 없다. 페이스북과 링크드인(Linked-in)으로 전 세계 수억 명의 사람들이 연결되어 있는데 그것을 활용하지 못한다. 해외 기업과 사업을 제휴할 수 있는 기회가 와도 속수무책으로 보고 있을 수밖에 없다.

최근에는 도쿄올림픽과 쿨 재팬(Cool Japan, 일본의 애니메이션이나 게임과 같은 디지털 콘텐츠가 세계의 젊은이들로부터 인기를 모으는 현상)의 바람으로 일본에 관심을 가지고 방문하는 외국인도 증가하고 있다. 일본에 큰 기대를 하고 있는 인도네시아, 방글라데시 등 동남아시아 국가들, 사우디아라비아, 터키, 아제르바이잔 등의 서남아시아 국가 등 사업 기회가 폭발적으로 늘고 있는 국가들도 많다. 그런 기회를 살리지 못한다면 일의 스피드를 발휘할 기회조차 없을 수 있다.

영어 실력을 기르려면 매일 30~60분간 진지하게 청취할 필요가 있는데 통근 시간을 활용하는 것이 가장 적합하다.

일에서 성장하고 싶은 사람에게 영어는 매우 중요한 영역이므로 추후 별도로 설명하도록 하겠다.

한편 영어 실력과 마찬가지로 중요한 것 중 하나가 독서다. 일본이 선진국으로서 어느 정도 활약할 수 있었던 배경에는 독서를 보급한 영향이 크다. 하지만 요즘은 인터넷이 활발하여 아침에 깨어 잠들 때까지 스마트폰을 붙잡고 있는 탓에 전체 독서량이 현격히 감소했다. 나 자신도 예전에는 매월 10~15권 정도를 읽었지만 현재는 양 자체가 크게 줄었다.

그래도 중·고등학교 이후 읽은 책을 대략 세어보면 수천 권은 된다. 원래 책을 좋아하는 성향과 맥킨지에 있던 14년 동안 방대한 양의 책을 읽으며 업계의 지식과 세상의 동향을 이해했기 때문이다. 하지만 일과 관련이 없더라도 천 권 이상 읽은 사람은 꽤 많을 것이다.

하지만 최근 20대에게 물어보면 백 권 이상 읽은 사람이면 많이 읽은 편에 속하며, 교과서 이외에는 책을 거의 읽은 적이 없는 사람까지 있을 정도다. 책을 많이 읽고 감동을 받거나 다른 사람의 경험을 간접적으로나마 배우지 않으면 다양한 가치관에 대한 이해, 인간의 슬픔과 기쁨, 고통에 대한 공감이 부족해질 수밖에 없다. 이 역시 업무 스피드 개선을 논하기 이전의 문제인 것이다.

따라서 적어도 출퇴근 시간 정도는 전자서적을 이용해 책을 읽도록 하자. 물론 만원전철이 아니라면 문고본 정도는 읽을 수 있을 것이며 만일 의자에 앉을 수 있다면 PC로 정보를 수집하거나 서류를 작성할 수도 있을 것이다. 각자에게 방식을 찾아 적절하게 응용하길 바란다.

노트북과 대형 모니터를 활용하라

사무실과 외근지, 자택에서 가능한 한 한 대의 노트북을 사용하라.

정보 수집뿐 아니라 자료 작성과 이메일 교환에도 적용이 가능한 방법으로, 스피드 향상을 위해서는 사무실, 외근지, 자택에서 동일한 PC를 사용하는 것이 압도적으로 유리하다. PC가 바뀌면 키보드의 배치나 조작이 달라지므로 블라인드 타이핑의 숙련도가 향상되지 않는다. 키보드를 하나하나 확인하며 입력과 조작을 잘할 수는 없다.

데스크톱의 아이콘 배치나 키보드의 차이를 크게 신경쓰지 않는 사람도 있지만 나는 매우 중시하는 편이다. 입력 스피드가 확실히 달라지기 때문이다. 예컨대 익숙한 키보드로는 a에서 z까지의 자판뿐 아니라 스페이스 바의 무변환키나 왼쪽 윗부분의 F2키(윈도우즈의 경우) 등 조금 떨어져 있는 키도 블라인드 타이핑으로 사용할 수 있다. 많은 수의 단어를 등록하여 스피드를 획기적으로 향상시키는 것도 중요한데, 동일한 PC가 아니면 그것이 불가능하므로 스피드를 향상시키는 데 치명적이라 할 수 있다.

나는 맥킨지에 입사한 이후 다행스럽게도 사무실, 외근지, 자택에서 항상 한 대의 노트북을 사용하고 있다(노트북 자체는 새것으로 여러 차례 구입했다). 거래처에서 일을 하거나 해외출장을 가는 일이 다반사이므로 이 방법이 최선이었다.

회사에 따라서는 노트북이나 PC의 외부 반출을 금지하거나 가지고 나가려면 허가가 필요한데, 최신 기술을 이용하면 회사에서 사용하던 PC를 외부로 반출해도 정보 누출의 걱정이 없고 생산성도 희생하지 않으면서 업무를 계속할 수 있다(일본에서는 Eugrid 솔루션을 많이 쓴다. http://www.eugrid.co.jp/). 사무실용, 외근용, 자택용 PC가 모두 다르면 스트레스가 크고 생산성이 오르지 않아 곤란하다.

자택에서는 대형 모니터와 연결해 사용한다

단 PC를 노트북 한 대로 통일한다 해도 스피드 향상을 노린 다면 자택에서는 대형 모니터를 디스플레이에 연결하여 사용하는 방법을 권장한다. 작업 중 화면의 전환이나 이동이 극적으로 줄어들고 전체를 고루 볼 수 있으므로 확실히 생산성이 올라간다.

내가 애용하는 디스플레이는 20인치가 약 10만 원 정도이고, 24인치도 약 15만 원부터 있다. 몇 년을 사용해도 고장이 나지 않는다. 생산성이 높고 쉽게 피로하지 않으며 정말로 싸다. 컴퓨터 회사에 미안할 정도다.

회사에 따라서는 사무실에서 대형 모니터를 제공하지 않는 곳도 있지만 이런 경우 나는 강하게 어필하여 마련하는 편이다. 그래도 안 된다면 개인 물품으로 반입해 사용한다. 일본의 경우 지정석이 아니라 원하는 자리에 앉아서 일하는 프리 어드레스(Free Address) 제도를 도입한 곳도 있지만 이런 경우라도 사장이나 상사 혹은 총무에게 강력히 건의하여 모든 데스크톱에 대형 모니터를 설치해주도록 한다. 내가 이렇게 고집하는 이유는 그만한 가치가 있다고 생각하기 때문이다.

대형 모니터로는 페이지 전체가 한눈에 들어오기 때문에 여러 건의 기사를 참조하면서 생각할 수 있다. 블로그의 과거 기사도 쉽게 눈에 들어온다. 노트북과 같이 한정된 공간에서 각각의 화면을 띄워 확인하는 수고도 없어진다.

대형 모니터를 사용하면 어질러지지 않은 넓은 책상에서 일하는 것과 같아 확실히 속도가 향상된다. 마치 공간에 여유가 있는, 잘 정돈된 부엌에서 요리하는 것과 같아 허둥대지 않고 빠르게 작업할 수 있다. 정보를 수집하다 '이거야!' 하고 찾은 기사를 이메일로 친구나 팀에게 알리거나 관련된 자료를 작성하여 보내는 일도 작은 화면에서 작업할 때보다 빠르게 처리할 수 있으며 피곤도 덜 느낀다.

스마트폰이나 태블릿 PC의 경우, 자택에서는 한정적으로

'스마트폰, 태블릿 PC를 사용하기 시작하면서 자택에서도 PC를 사용하지 않게 되었다'는 사람이 간혹 있지만 나는 그다지 추천하고 싶지 않다. 거실에서 한가로이 스마트폰이나 태블릿 PC로 정보를 검색하는 것은 이따금은 괜찮지만 일상적으로는 확실히 핸디캡이 된다. TV를 보면서 잠시 조사하는 정도라면 좋지만 적어도 매일 아침, 매일 밤 30분은 자신의 책상에 앉아 PC와 대형 모니터로 빠르게 정보를 수집하는 편이 좀 더 넓고 깊게 작업할 수 있다.

자택이 좁아 책상을 놓을 수 없는 사람도 있을 것이다. 아이 방이 우선인 경우도 많다. 하지만 아무리 작아도 좋으니 어딘가에 작은 책상을 놓고 그 공간만은 업무용으로 사용할 수 있게 만들자. 나는 식사할 때를 제하고는 식탁용 테이블 위에 대형 모니터를 놓고 일을 한다. 이 점은 타협해서는 안 된다. 스마트폰과 태블릿 PC로는 일을 할 수 없다.

이것에 관해서 가족의 동의와 지지가 필요함은 말할 필요도 없다. 나이, 수입에 따라 다르지만 성장하길 원한다면 여유가 생기는 대로 혼자 쓸 수 있는 업무용 방이나 서재를 마련하는 것이 필수적이다.

큐레이션 툴,
구글 알리미, 메일 매거진

정보를 수집하려면 염두에 둔 단어를 검색하는 것은 기본
이고 큐레이션(curation, 인터넷에서 원하는 콘텐츠를 목적에 따라 분류
하고 배포하는 일) 툴 등을 구사하여 체계적으로 진행하는 것이
바람직하다. 그편이 속도도 빠르면서 동시에 중요한 정보를
놓치지 않고 수집할 수 있는 방법이다.

큐레이션 툴의 결점도 이해한다

비교적 정밀도가 높은 큐레이션 툴이 늘고 있다. 이를 이용

하면 관심 있는 기사를 매일 아침 메일 매거진 형식으로 발송해주므로 매우 편리하다. 받은 기사 중에서도 어떤 기사를 읽었는지에 따라 좀 더 관심사에 맞는 영역의 기사들이 선별되므로 사용이 매우 용이하다. 큐레이션 툴은 몇 가지 종류가 있지만 각각 따지면 솔직히 큰 차이가 없으므로 PC에 적합하고 자신이 선호하는 툴을 선택하면 된다.

문제는 자신이 선호하는 기사가 선택되어 고마운 한편, 큐레이션 기능이 획일적이거나 단순하여 '뜻밖의 재미(serendipity)'라고 할 만한, 원래는 관심 밖이었는데 우연히 알게 되는 새로운 정보는 거의 없어진다는 점이다. 관심사 내의 기사들만 받게 되므로 관심 범위가 확장되지 않는다. 때문에 아무래도 다른 방법과 병용할 필요를 느끼게 된다.

구글 알리미는 모국어와 영어, 두 가지로

구글 알리미는 관심이 있는 단어, 관련이 있는 회사 및 서비스, 경쟁기업 및 서비스 등을 등록해두면 그 단어가 포함된 기사를 매일 아침 발송해준다. 키워드 등록도 매우 간단하고 매일 아침 거르지 않고 발송해주므로 편리하게 사용할 수 있다. 신규 프로젝트가 시작되거나 직장이 바뀌거나 새로운 분야에 관심을 가지기 시작했을 때마다 바로바로 새로운 키워드를 등록한다. 처음에는 평소에 관심이 있는 20~30개의 단어를 등록하는 것부터 시작하자.

키워드를 등록할 때 프리퍼런스(preference) 설정을 할 수 있다. 자동지정(default)에서는 건수가 '상위 결과'로만 되어 있으므로 이것을 '모든 결과'로 바꾸도록 하자. 이렇게 하면 발송되는 기사 수가 몇 배로 증가한다.

특히 해외의 동향을 살펴야 할 때는 구글 알리미를 모국어와 영어 두 가지로 설정하자. 예컨대 '웨어러블'에 대해 알고 싶다면 '웨어러블'과 'Wearable' 이렇게 두 가지를 설정한다. 언어를 모국어로 설정해놓으면 '웨어러블'에 대한 모국어 기사가 발송되고 영어로 설정해놓으면 'Wearable'에 대한 영어 기사가 발송된다.

모국어 기사의 양이 많으므로 영어 기사는 읽지 않아도 된다고 생각하는 사람이 많은데 결코 그렇지 않다. 모국어 기사 또한 영어의 일부 기사를 약간 수정하여 고쳐 쓴 것이므로 중복되는 경우가 많다. 예를 들어 구글의 자율 주행차

(Autonomous car 혹은 Google robot car)에 대한 기사가 모국어 버전으로 다수 발행되지만 그 기사의 대부분은 외국의 기사를 옮겨놓은 것이거나 소수의 영어 기사를 인용했을 것이다. 때문에 검색 건수는 많아도 중복되는 경우가 많다. 본격적으로 정보를 수집하고 싶다면 구글 알리미로 '구글의 자율 주행차'와 'Autonomous car'를 등록하여 발송되는 다수의 영어 기사를 읽고 지식을 축적하도록 하자.

이렇게 하면 업무에 활용할 수 있는 진짜 정보를 수집할 수 있다. 모국어로만 정보를 수집하면 한계가 있어 정보전의 출발점에서 이미 지고 있는 것과 같다. 특히 구글 알리미는 영어의 최신 뉴스 검색이 매우 뛰어나다.

애플이나 구글 등 대기업 플랫폼의 방침 변경과 새로운 정보, 관련 기업, 경쟁기업의 정보 등은 항상 최신 기사를 접할 수 있으니 잘 파악한 후에 의사결정을 내리도록 하자.

10개 정도의 메일 매거진을 등록한다

메일 매거진도 정보 수집에 매우 유용하고 꼭 필요한 수단이다.

정보를 수집하다 보면 관심이 있는 분야의 기사를 많이 다루고 있는 블로그나 뉴스 사이트에는 대부분 메일 매거진 발송을 위한 기입란이 있으므로 신청하도록 하자. 통상은 메일 주소를 입력만 하면 되므로 몇 초면 끝난다. 정보 제공을 비즈니스로 하는 회사는 이름, 흥미 있는 영역 등의 입력을 요구할 수 있는데 성가시더라도 처음 한 번만 기입하면 되므로 시도해보도록 하자.

페이스북과 트위터의 타임라인을 활용하라

페이스북을 '친구와의 네트워크'로 생각하지 말자

페이스북은 일본에서도 국내 사용자만 수천만 명에 이르는 커뮤니티 인프라로 확립되어 있다. 물론 장단점이 각각 있지만 정보 수집에서도 페이스북을 사용하지 않으면 꽤 불편한 것이 현실이다.

이 같은 상황은 당분간 지속될 것이므로 페이스북 사용을 아직까지 주저하고 있는 사람이 있다면 등록과 활용을 권한다. 10대 유저의 이탈과 라인의 급성장 등 페이스북에 부정적인 뉴스도 눈에 띄지만 정보 수집을 위한 수단으로서 충분히 가치가 있어 사용하지 않는다면 많은 아쉬움이 남는 루트다(본래 커뮤니케이션 수단으로는 말할 것도 없지만). 덧붙이자면, 페이스북을 사용하지 않으면 상대와 대화가 안 된다거나 사람에 따라서는 페이스북도 모르나 하고 무시하는 경우도 생긴다.

정보 수집에 도움이 되는 이유는, 많은 사람이 페이스북에 유용한 기사를 게시하므로 적절한 때에 모두가 주목하고 있는 기사를 알 수 있기 때문이다. 이른바 인력 큐레이션 툴이라 할 수 있다. 페이스북을 적절히 사용하는 사람들의 정보 감도는 비교적 높은 편으로, 곧 페이스북 친구가 자신의 눈과 귀가 되어줄 것이라는 감각에 가깝다. 그들이 발견하고 공유하는 기사가 도움이 된다.

페이스북은 자신도 적극적으로 글을 올리거나 타임라인(소셜 네트워킹 사이트에서 유저 자신 및 친구들의 글을 모아서 보여주는 부분)에 올라온 다른 사람의 글을 자신이 다시 공유하여 타임라인에 올리거나 하면 존재감을 높여 정보가 모일 가능성이 높아진다는 점을 명심하자.

한 가지 중요한 점은 페이스북을 '친구와의 네트워크'라고 생각하지 않는 편이 좋다는 것이다. 원래는 그런 취지였지만 적어도 일본에서는 비즈니스에 좀 더 많이 사용되고 있다. 비즈니스 관계의 지인이나 조금 가까운 정도의 친구가 상당히 느슨한 형태로 연결되어 있는 커뮤니티다.

최근에는 세미나나 스터디 모임에 참가하면 모임을 마친 직후에 명함 교환을 했거나 조금 안면이 있는 정도의 사람에게서도 페이스북으로 친구신청이 들어온다. '어, 아직 친구가 아닌데? 지난번 만나 한두 마디 나눴을 뿐인데?'라고 생각하지만 상대 쪽은 친근감을 느끼는 경우가 있으며 앞에서 말한 바와 같이 비즈니스상 완만한 관계를 잘 연결하는 형태의 인프라이므로 크게 꺼릴 것 없이 사용하면 된다.

물론 여성은 남성보다 조금 주의하면서 사용해야 한다. 페이스북이 실명제라고는 해도 무턱대고 안심해서는 안 되며 어느 정도 상대의 신원을 확인하는 편이 바람직하다.

또한 이메일보다는 페이스북 메시지를 주고받는 사람도 증가하고 있다. 최근에는 라인(LINE)이 급성장하고 있지만 비즈니스에서는 아직 페이스북이 주류다. 페이스북으로 연결되어, 일상의 사소한 대화나 수다는 라인으로 하는 경향도 생기고 있다.

페이스북의 활용법으로 한 가지 더 덧붙이자면 이렇게

페이스북을 활용하려면 '페이스북 친구'가 적어도 100명, 가능하면 수백 명 이상이 된다는 전제가 있어야 한다. 유용한 기사를 게시해주는 '페이스북 친구'가 일정 수 이상이 안 되면 큐레이션 툴로 의미가 없기 때문이다. 이 경우 유용한 기사는 그들 자신의 글도 있지만 그들이 공유한 '페이스북 친구'들의 글도 있다. 페이스북 친구가 한 명당 평균 200명이라고 하면 200명의 제곱인 4만 명이 바람직하다고 생각한 글을 계속해서 접할 수 있게 된다(물론, 페이스북 방침으로 이 모든 것이 표시될 리가 없지만).

스터디 모임, 교류회, 세미나 등에 적극적으로 참가하면 페이스북 친구는 자연스럽게 늘어나므로 1년에 100~200명 정도가 된다. 따라서 큐레이션 툴로 실제로 사용할 수 있는 레벨이 된다.

그러면 페이스북을 언제 보아야 할까? 커뮤니케이션 앱이므로 낮 동안 몇 번 체크하고 사람들과 메시지를 빠르게 주고받는 것이 바람직하다. 만약 때마다 타임라인을 보면 업무에 지장을 미친다. 정보 수집이란 면에서는 매일 아침, 매일 밤 30분 동안 타임라인을 빠른 속도로 훑어보고 유용한 기사를 찾는 정도가 좋다. 그렇게 하지 않으면 밀려드는

기사를 읽는 데만 시간을 사용하게 되어 주객이 전도되고
만다.

트위터는 프로파일 검색으로 큐레이터 역할을 찾는다

페이스북과 마찬가지로 트위터 역시 소셜 네트워크 서비스
를 제공하며 사람들 사이에 커뮤니케이션의 인프라로 정착
되고 있다. 10~20대는 상당수가 메일을 트위터로 대신하
기도 한다. 다른 사람이 보는 것을 신경 쓰지 않는다(단, 최근
에는 라인이 크게 영향력을 넓히고 있다).

트위터도 팔로우하는 사람들이 자발적으로 올리는 타임
라인에서 유용한 글들을 많이 볼 수 있어 큐레이션 툴로 효
과적이다. 따라서 자신이 관심을 갖는 분야에서 열심히 트
윗을 하는 사람이나 관심 있는 키워드를 팔로우하여 자신의
큐레이터 역으로 확보한다.

덧붙이자면 트위터를 큐레이션 툴로 활용할 수 있으려
면 이것 역시 100명 정도는 팔로우해야 한다. 페이스북과
같이 자신도 적극적으로 유용한 기사를 발송하거나 리트윗

(Retweet. 다른 사람의 트윗을 자신이 다시 팔로우용으로 발송하는 것)하면서 존재감을 높이면 정보가 모일 가능성이 높아진다. 이것도 정보 수집이란 점에서는 매일 아침, 매일 밤 30분 안에 타임라인을 쭉 훑고 유용한 기사를 찾는 정도가 좋다. 낮 시간에 트위터의 타임라인을 보는 습관이 생기면 일에 집중할 수 없게 된다.

모든 기사는
절반의 진실만 보자

기사를 읽을 때는 항상 '정말일까?'라는 의문을 갖도록 하자. 많은 기사의 내용이 의도하지 않게 잘못되어 있거나 표현이 부정확한 경우가 많다. 쓰는 사람이 부주의하거나 이해력이 부족한 경우라 할 수 있다.

또는 쓰는 사람이 악의를 가지고 의도적으로 진실을 왜곡하는 경우도 종종 있다. 특히 주가, 투자관계, 환경, 에너지 관계, 동아시아 관계, 차별 관계 등의 정보에는 주의가 필요하며 상당 부분이 어떤 형태로든 왜곡되어 있거나 의도적으로 자신에게 유리한 쪽으로 유도하고 있다.

자신에게 유리한 쪽으로 유도하려는 기분은 누구에게나

있을 것이다. 하지만 나는 누가 보아도 부자유스런 형태로, 천박한 형태로 타인을 유도하려 하거나 유도할 수 있다고 생각하는 것을 도저히 이해할 수 없다. 악의로 정보를 왜곡했을 때 일방적으로 크게 상처를 입을 수 있는 사람이 적잖은 것은 확실하므로 정보 수집 때는 항상 객관성을 잃지 않도록 주의해야 하며 모든 기사는 절반 정도가 진실이라는 생각으로 읽을 필요가 있다.

인터넷만이 아니다. 일본인은 신문이나 잡지 등 활자 형태로 나온 기사를 있는 그대로 받아들이는 경우가 많은데 이 역시 매우 위험하다. 일본인만큼 신문 등의 미디어를 믿는 국민은 전 세계적으로도 드물 것이다. 그런데 일본 국내의 4~5개 신문사를 비교해보면 알 수 있듯이 1면의 기사, 타이틀의 크기, 기사의 내용 등에는 큰 차이가 있다. 더 나아가 해외의 신문, 잡지, 웹 등과 비교해보면 큰 갭이 있는 것은 보통이다.

정보에 대해 모두 확실한 근거를 찾는 것은 그다지 현실적이지 않다. 단, 중요한 의사결정에 영향을 미치는 경우는 정보의 원전을 찾아 체크하거나 링크를 더듬어 올라가 확인하는 과정이 필요하다.

그래도 모든 것을 체크하기란 불가능하므로 액션을 취할 경우는 소셜미디어 상의 평판, 코멘트, 신용할 수 있는 사람의 반응 등에 항상 주의를 기울인다.

검색 표시 건수를 100으로 하여 정보를 한눈에

인터넷 브라우저로는 검색 속도가 가장 빨라 스트레스가 적은 구글의 크롬을 사용하길 권장한다. 브라우저를 쉽게 사용하는 플러그인의 종류도 풍부하고 진화 속도도 빠르다.

한층 더 생산성을 높이려면 표시 건수를 100으로 하는 게 좋다. 크롬의 '페이지당 표시 건수'는 기본 값이 10이므로 이것을 100으로 설정해준다. 또한 '인스턴트 검색의 결과는 표시하지 않는다'는 항목을 선택하지 않으면 표시 건수를 변경할 수 없으므로 주의하자. 나는 인스턴트 검색이 그렇게 편리하다고는 생각하지 않지만 100건 표시의 장점이 커서 사용하고 있다.

10건 그대로 설정되어 있으면 검색해도 좋은 기사를 접하지 못할 수 있다. 대략 훑어보고 '별로 재미없군' '도움이 안 되네'라고 느끼며 그것으로 끝나게 된다. 페이지 밑에 '다음으로'가 있지만 이것을 클릭하여 다음 페이지까지 일부러 넘어가는 것은 귀찮기 때문에 결국 더 많은 정보를 얻지 못한 채 그대로 끝내게 된다.

하지만 표시 건수가 100이라면 다시 클릭할 수고로움 없이 좋은 기사를 접할 수 있으므로 그냥 지나치는 경우가 줄고 흥미가 더욱 솟게 된다.

덧붙이자면 나는 좋은 블로그 기사를 만났을 때 그 저자의 과거 기사를 가능한 한 모두 찾아 읽는다. 좋은 기사를 쓰는 저자는 이상할 정도로 항상 좋은 기사를 쓴다(문장이나 분석력에는 재현성이 있기 때문). 보물을 발견한 것처럼 마음이 매우 든든하다.

또 하나, 클릭한 각 결과를 새로운 브라우저 윈도우에서 열리도록 설정할 것을 권장한다. 그렇게 하지 않으면 무심코 닫았을 때 다시 한 번 브라우저를 열어 검색 단어를 다시 입력하고 재검색해야 하므로 보통은 계속 보기를 포기하게 된다. 이것을 예방하기 위한 고안이다.

179

해외의
콘퍼런스 동영상을 본다

빅데이터, 자율 주행차, IOT(사물의 인터넷화), 웨어러블, 보안 등 앞으로 점점 더 중요해지는 최첨단 분야에서 미국 등의 최고 기업과 싸워야 할 입장에 있는 사람은 모국어 기사만으로는 도저히 최신 정보를 커버할 수 없으므로 영어 정보를 읽어야 한다.

이런 분야에서는 해외(특히 미국, 다음으로 유럽)에서 다수 개최되는 콘퍼런스에서 무엇이 논의되고 있는지, 어떤 방향으로 흐름이 이동하고 있는지 등을 어떻게 해서든 알아둘 필요가 있다.

최근에는 기조강연, 각 세션 등 모두 동영상으로 열람할

미국 텍사스주 오스틴 시에서 매년 3월에 열리는 대규모 행사. 트위터가 소개된 것으로도 유명하다. http://sxsw.com

IT계의 벤처나 Web 관련 뉴스를 발송한다. 미디어 '테크크런치TechCrunch'가 주최하는 콘퍼런스. 1년에 2번, 샌프란시스코와 뉴욕에서 개최된다. http://techcrunch.com

전 세계 투자가와 창업자가 모여 환경문제와 경제성장을 양립시키기 위한 의견을 교환하고 지식을 공유하는 콘퍼런스다. http://cleantech.com

수 있으므로 그것을 정보 수집의 일환으로 찾아본다. 구체적으로는 음악 콘퍼런스인 SXSW(South by Southwest), 북미 최대 정보기술(IT) 온라인 매체인 테크크런치 디스럽트(TechCrunch Disrupt), 클린테크 포럼(Cleantech Forum) 등이다.

현지에서 열리는 이벤트에 직접 참가하는 것도 바람직하

지만 계속 참가할 수는 없다. 그런 의미에서 각 세션을 동영상으로 볼 수 있는 것이 매우 감사한 일이다.

이것은 당연히 영어 실력을 전제로 한다. 글로벌한 경쟁이 한층 격화되고 있는 오늘날, 영상을 보고 바로 이해할 수 있는 리스닝 실력, 기사를 어느 정도 빠르게 읽을 수 있는 리딩 실력을 갖추는 것이 업무의 스피드 향상에는 꼭 필요하게 되었다. 다른 스피드 향상을 꾀해도 여기서 크게 뒤지면 스피드는 그 이전의 문제가 된다.

스터디 모임이나
세미나 친선모임에 참가한다

월 1~2회 정도는 스터디 모임이나 세미나에 참석하도록 하자. 그렇게 하면 다양한 의미에서 자극이 되어 정보 수집의 촉이 발달하게 된다.

스터디 모임이나 세미나에는 대부분 친선모임이 있는데 꼭 참가하도록 하자. 그 자리에서 명함을 교환하고 그날의 주인공에게는 귀가 후 바로 인사 메일을 보낸다(간단한 자기소개와 공통 관심사에 대한 코멘트). 처음에는 15분 정도가 걸리지만 90% 이상 복사할 수 있으므로 두 번째 사람부터는 한 통에 2분 정도면 충분히 쓸 수 있다. 나는 스터디 모임이나 세미나에 참가하면 귀가 후에 바로 이메일을 보낸다.

한 번에 보내는 편이 확실히 생산성이 높다. 당일을 놓치면 계속 쌓이게 된다. 친선모임에서 만난 사람과 좀 더 이야기를 나누고 싶고 상대도 관심을 보일 경우에는 미팅이나 저녁식사에 초대한다. 사실 저녁식사 쪽이 더 좋다. 적어도 2시간에서 2시간 반은 이야기할 수 있어 바로 친해질 수 있기 때문이다.

저녁 식사를 정확히 2시간으로 끝내는 것은 꽤 어려운 일이다. 한편 아무리 마음이 맞아도 2시간 반 이상은 끌지 않도록 한다. 예컨대 19시 30분부터라면 22시에는 헤어지도록 한다. 그렇게 하지 않으면 귀가 후 일을 할 수 없기 때문이다.

술을 마시면 아무래도 일하기가 어렵지 않을까 하고 생각하는 사람이 꽤 많을 것이다. 하지만 그것은 자신이 어떻게 하느냐에 달리지 않았을까? 15년 만의 동창회라면 어쩔 수 없지만 평범한 회식이라면 귀가 후 자신만의 공부 시간을 확보하도록 하자.

스터디 모임이나 세미나에 참가할 때는 스스로 동기부여를 놓치지 않기 위해 어떤 기회에 누구를 만났고 관계가 얼마나 확대되었는지를 기록한다. 그렇게 하면 스스로가 인맥

을 넓히려 얼마나 노력해왔는지 한눈에 알 수 있어 격려가
된다. 또 어떤 스터디 모임이나 세미나에 뛰어난 인재가 많
은지 확실하게 보인다.

덧붙이자면 우수한 인재는 우수한 인재를 소개해주기 마
련이다. 보는 눈이 있다는 표현이 여기에 어울릴 것이다. 그
렇게까지 우수하지는 않지만 열심히 하는 사람을 소개해주
는 경우도 있는데 유감스럽게도 그다지 기대할 만큼은 못
된다. 따라서 이런 일이 없도록 매일 자신의 힘을 길러 해야
할 일들을 해나가자. 그런 자세가 뛰어난 인재들에게 호감
을 주게 된다.

덧붙이자면 스터디 모임이나 세미나의 참가 상황을 확인
하는 동시에 앞으로의 일정을 파악하기 위해 '스터디 모임,
세미나 폴더'를 만들면 좋다. 참가한 모임, 참가 예정인 모
임의 메일, URL 등에 해당 날짜를 기입해 저장하면 직전에
편하게 스케줄을 확인할 수 있다.

전시회는
자주 참가한다

관심 분야의 동향, 최신 상황을 파악하기 위해 전시회에도 자주 참가하는 것이 좋다. 월 1회 정도를 기준으로 참가하면 아마도 그 분야에서 누구에게도 지지 않을 정도의 수준을 유지할 수 있을 것이다. 감도가 높아지고 지식이 늘며 네트워크가 가속도로 확대된다. 마음의 여유가 생기고 성장 의욕도 강해지므로 지금 바로 업무와 직결되지 않더라도 상사나 동료에게 의지할 수 있는 존재가 된다. 물론 업무의 폭도 급속도로 확대된다.

일본 도쿄의 경우는 지바(千葉)현의 마쿠하리 메세(Makuhari Messe), 도쿄 빅사이트(Tokyo Big Sight), 유라쿠초(有楽町)

의 국제포럼 등에서 연중 내내 전시회가 개최되고 있다. 전시회에 참가하면 실물을 접할 수 있고 관심 분야에 관해서도 한눈에 상황을 파악할 수 있다. 보는 것에서 그치지 않고 흥미를 끄는 전시물에 관해 안내원에게 마음껏 질문하는 것도 중요하다. 대부분의 안내원은 물어본 것이 미안할 만큼 상세하게 설명해준다. 일반인이 던지는 이해하기 힘든 질문에도 알기 쉽게 설명해준다. 게다가 기술계 전시회의 경우는 대부분 개발자 본인이 나와서 열심히 설명한다.

경쟁 물품도 부근에 모두 전시되어 있어 이해하기 쉽다. '저것과 어떻게 다릅니까?'라는 실례되는 질문도 신경 쓰지 않고 할 수 있다. 해설자는 '기다리고 있었습니다!'라며 기쁘게 이것저것 설명해준다. 이런 경우, 경쟁 각사에 동일한 질문을 해보면 그 차이를 확실하게 알 수 있다.

전시회에 가면 전시물의 사진도 찍고 가능한 한 팸플릿을 받아온다. 단, 팸플릿 수집에 신경을 빼앗겨 해설자의 이야기를 소홀히하면 안 되는 점을 주의하자.

주제에 따라서는 샌프란시스코, 싱가포르, 런던 등에서도 중요한 전시회가 자주 열리는데 참석하기만 해도 자신감이 붙으므로 여행을 겸해 자비로라도 꼭 참가하기를 권장한다.

가장 유익한
상담 상대를 고르는 법

매일 아침, 매일 밤 30분간 인터넷으로 정보를 수집하는 것만으로는 부족한 점이 있는데 다름 아닌 사람에게서 얻는 생생한 정보다. 지견과 통찰력이 있는 사람으로부터 얻는 인풋과 자극은 다른 무엇으로도 대체하기 어렵다. 자신과 같은 나이, 5년 위, 10년 위, 5년 밑으로 각각 최소 2명, 무엇이든 상담할 수 있는 상대를 찾으면 정보 수집력, 현장감, 판단력이 크게 강화되고 시각도 현격히 넓어진다.

나는 다음과 같이 상담 상대를 발견했다. 각각의 연령대에서 '이 사람이다'라고 생각되는 사람을 6, 7명씩 선별한다. 같은 회사뿐 아니라 외부 사람, 가능하면 다른 입장의 사람도 포함된다. 평소부터 관계가 있어 서로 어느 정도 호감을 가지고 있는 상황에서 '한번 식사하면서 이야기 좀 나누시죠?'라고 부탁하면 한 4, 5명은 받아준다. 바로는 무리지만 몇 개월 이내에는 실현가능하다. 만약 사람들 대부분에게서 거절당하거나 답변을 받지 못했다면 한 번쯤 자신의 생활방식이나 타인과 관계를 형성하는 방법, 업무 방식 등에 관해 되돌아볼 필요도 있다.

나의 경우는 맥킨지에 입사했을 무렵 대담무쌍하게도 일본 지사의 대표이사였던 오마에 겐이치(大前研一) 씨에게 1 대 1로 회식하고 싶다는 부탁을 했었다. 주변에서는 겁도 없는 행동이라고 했지만 3, 4개월 후에 실제로 실현되었던 귀한 경험을 가지고 있다. 바쁜 와중에도 신입사원인 나에게 시간을 내주었던 것으로, 겐이치 씨께 감사한 마음은 말할 필요도 없을 것이다.

4, 5명과 개별적으로 식사의 기회가 생기면 2, 3인과는 이야기가 무르익어 의기투합할 수 있다. 상대가 5년 혹은 10년 선배라도 자신이 열심히 하면 나름대로 즐겁게 느껴진다. 인터넷에서의 정보 수집과 이 책에서 소개하는 활동을 하다 보면 본인도 모임에 충분히 공헌할 수 있다.

그렇게 찾은 상대에게는 6개월에 한 번, 최소한 1년에 한 번, 식사나 만남을 통해 최신 상황을 설명해둔다. 조언에 기초해 착수한 결과, 이런 변화와 성과가 있었다는 것을 전달하면 기뻐해줄 것이다.

그 외에도 수개월에 한 번은 이메일로 상담한다. 나는 무언가 알고 싶은 것이 있을 때는 거의 같은 글을 여러 명에게 보내 의뢰한다. 물론 실례가 되지 않도록 어느 정도는 인사나 근황 보고를 쓰지만, 본문은 거의 동일하다. 예컨대, '전자서적은 어떤 속도로 성장해나갈 것이라 생각합니까?'라거나 'HTML 5는 언제쯤 본격적으로 보급될 것이라 생각하십니까?' 등이다.

'무엇이든 상담할 수 있는 상대'에게는 두 가지 조건이 있다. 상대가 대화를 어느 정도 환영해주어야 하며 이메일의 답장을 빠르게 해야 한다. 자신의 상담 신청을 왜 환영해줄까, 그 이유는 진지하게 무엇인가를 생각하고 공부하려는 생각이 상대방에게 전달되어 응원을 해주고 싶은 기분이 되기 때문이다.

원래 식사에 초대한 단계라면 어느 정도 긍정적인 관계

에 있는 것이다. 식사하면서 분위기가 무르익었다면 상대도 자신과의 관계를 기쁘게 받아들이고 있는 것이다. 게다가 때때로 근황을 보고하면서 진지한 이메일을 보내면 십중팔구는 진지하게 대답해준다. 사람의 본성은 상담하기를 좋아하기 때문이다. 물론 진지하지 않고 단순히 아이디어를 도용하려 접근한다면 상대도 바로 알아차릴 것이고 애초에 이런 관계는 성립되지 못한다.

말할 필요도 없지만 이메일에 빠르게 답장을 보내는 이유는 상담을 원할 때 바로 답을 듣고 싶고 답변이 늦어지면 불안감이 심해지기 때문이다. 1, 2주가 지나 답장을 보내거나 답장이 돌아오지 않으면 상담은 성사되지 않는다.

적극적으로 강연과 발표를 하면 정보가 모인다

스터디 모임, 세미나에 참가하여 강연과 발표의 기회가 생기면 가능한 한 받아들이는 편이 좋으며, 나아가 자신이 전문영역으로서 끝까지 밝히고 싶은 테마, 혹은 앞으로 공부하고 싶은 분야에서의 강연과 발표를 콘퍼런스 또는 워크숍에서 행할 수 있도록 의식적으로 목표로 삼아 행동해가는 것이 좋다.

　물론 간단한 일이 아니며 단계를 밟을 필요가 있다. 우선 그 분야에서 블로그를 시작해 20~30개 정도의 기사를 쓰는 것부터 출발하자. 일주일에 1, 2회 3개월에서 6개월 정도 블로그 기사를 쓰면 초보라도 나름대로 그 분야에 지식이 깊어진다. 페이스북 페이지나 페이스북 그룹을 만들고 블로그를 쓸 때마다 페이스북과 트위터에 올리면 그 분야에서는 꽤 주목을 받게 된다.

그렇게 하면 스터디 모임이나 세미나, 심포지엄 등의 강연 의뢰가 점차 늘어간다. 한번 등단의 기회를 얻으면 그때부터는 자신이 어떻게 하느냐에 달렸다. 그때까지는 블로그 기사와 더불어 상대의 기대를 크게 충족시킬 수 있는 준비를 한다. 결국 공부도 되고 무엇보다 강연을 들은 사람에게서 명함 교환 요청이 들어오거나 다른 강연을 의뢰받는 기회가 증가한다.

블로그를 쓰다 보면 책의 집필을 의뢰받기도 하고 그 책을 읽은 사람으로부터 연락을 받아 인맥이 넓어지고 새로운 정보원을 얻을 수도 있다.

웨어러블, IOT, 디지털 헬스케어, 교육×IT, 로봇, AI, 전기 자동차, 커넥티드 카(Connected Car), 무인자동차, 빅데이터, 3D프린터, 태양전지 등의 대체에너지, 바이오, 유도만능줄기세포(iPS cell), 창업, 크라우드 펀딩(crowd funding), 크라우드 소싱(crowd sourcing)과 같은 급성장 분야라면 이런 접근도 충분히 가능하다.

혹은 인도네시아, 타이, 미얀마 등 동남아시아에서의 사업 기회, 두바이, 아제르바이잔 등 서남아시아에서의 사업 기회, 패션, DIY, 해외 여행자를 위한 서비스 등도 앞으로 주목을 받을 것이다.

자신에게는 무리라고 생각되는 사람이라면 꼭 관심 있는 분야의 블로그 기사를 100개 정도 읽도록 하자. 그렇게 하면 분야에 따라서는 3~5명 정도는 내용이 풍부하고 다방면에 뛰어나며 멋있다고 느껴지는 문장가를 발견할 수 있을 것이다. 그들이 어떻게 블로그 글을 쓰고 있는지, 어떤 식으로 테마를 깊이 파고들고 있는지, 어떤 정보원을 사용하고 있는지를 참고하면 좋아하는 분야에서 어떻게 기사를 쓰면 좋을지 점차 확실해질 것이다.

반년이면 전망이 보이는
고효율 영어 공부법

정보를 수집하려면 정말로 영어 실력이 중요한 시대가 되었다. 미국을 리더로 하여 세계의 변화 속도가 한층 빨라졌으며 동시에 국가와 문화를 초월한 연대가 진행되고 있기 때문에 영어나 국제화와는 관계가 없다고 생각했던 기업에서도 손 놓고 있을 수 없는 상황이 되었다. 전 세계적으로 싸워야 할 기업은 말할 필요도 없을 것이다.

'일본인은 영어를 못한다'거나 '통역을 사용하면 어떻게든 된다'라고 했던 시대는 이미 오래전에 지났다. 구미나 아시아에서도 콘퍼런스와 이벤트는 모두 영어로 진행되며 세계 어떤 국가에서 오든 참가자는 모두 큰 문제없이 영어로

소통한다. 영어 실력에 대해 이러쿵저러쿵 아무 말도 하지 않는다. 모국어는 별도로 하고 당연하다는 듯이 영어로 발언하고 프레젠테이션을 진행하며 질문한다. 낮 시간에 진행되는 회의도 저녁 시간의 리셉션 파티도 시끌벅적하다. 아침은 아침대로 콘퍼런스 회장의 여기저기서 두 사람 혹은 세 사람이 조식을 먹으면서 영어로 비즈니스 상담을 진행한다.

일본인은 항상 뒤처져 있다. 뒤처지는 수준이 아니라 완전히 따돌림을 당한다고 해도 좋을 것이다. 적극적으로 따돌리려는 사람은 한 명도 없지만 테두리 안에 넣어주지 않으므로 결과적으로 따돌림을 당할 수밖에 없다. 전 세계 어디의 콘퍼런스, 이벤트에 가도 일본인은 불안한 듯 굳어 있다. 식사도 일본인들끼리 하는 경우가 대부분이다. 회장에서 질문하는 일이 거의 없다. 이것을 근본적으로 바꾸지 않으면 정보 수집의 시작 지점에 설 수 없다.

기술이 발전하면 지금보다 훨씬 우수한 자동번역기가 나올 것이므로 영어 실력이 없어도 괜찮다는 허황된 위로를 하는 사람이 종종 있다. 물론 성능은 점점 더 좋아지겠지만 사람과 사람의 직접적인 접촉 속에서 할 수 있는 효과적인 커뮤니케이션은 불가능하다. 인도네시아, 베트남, 한국, 중국, 러시아 등에서 온 사람들이 모두 아무런 문제없이 영어로 자연스럽게 의사소통을 하고 있는데 자신만 자동번역기를 사용해 대화를 할 수는 없다.

그러면 어떻게 진짜로 영어 실력을 강화할 수 있을까? '듣기' '읽기' '말하기' '쓰기' 네 가지 능력으로 나누어 각각을 6개월 만에 강화하는 방법을 설명하도록 하겠다.

나의 경험을 소개하면 이렇다. 중학교 1학년 1학기에 처음으로 영어를 배웠을 때, 성적이 무척 좋지 않았다. 그것을 보다 못한 일곱 살 위의 누나가 노트 한가운데 선을 긋고 단어장을 만들도록 가르쳐주었다. 또한 글자 수가 적은 큰 페이퍼북 읽기를 권해주어 2학기 이후 그럭저럭 만회한 경험이 있다. 그 이후 영어는 가장 자신 있는 과목이 되어 도쿄대 입시나 유학 때도, 또 맥킨지에서도 도움이 되었다.

듣기

듣기 실력을 강화하려면 대화량이 압도적으로 많은 TV 드라마의 DVD를 반복해보는 것이 좋다. 법정 드라마와 연애 드라마가 결합되어 있고 대화량이 많은 「앨리의 사랑 만들기(Ally Mcbeal)」를 추천한다. 주인공이 매우 **빠른** 말투로 말하며 영어의 리듬도 좋아 영어를 익히기에 좋고 비즈니스 영어와 일상생활의 영어를 한 번에 배울 수 있다.

DVD를 모두 갖출 필요는 없다. 게다가 새로운 편일 필요도 없다. 1편만 인터넷에서 구입해 여러 번 듣는 것이 바람직하다. 처음 볼 때는 모국어 자막으로 해서 듣고 두 번째는 영어자막으로, 세 번째는 자막 없이 귀로 듣는다. 내용을 이해하고 있으므로 의외로 영어가 쉽게 들릴 것이다. '어? 왠지 영어가 조금 들리는 느낌이네!'라는 생각을 갖는 것이 중요하다.

영어를 많이 어려워하는 사람은 두 번째 단계, 영어 자막을 여러 번 반복해서 보도록 하자. 이것만은 일정 분량을 접하지 않으면 앞으로 나아갈 수 없으므로 귀로 들으면서 영어자막을 쫓아간다. 영어가 조금 들리게 되면 DVD와 함께 팟캐스트로 오바마대통령의 연설이나 유튜브(YouTube)로 관심 있는 분야의 콘퍼런스 강연 등을 듣는다. 조금만 찾으면 30~60분의 긴 분량도 있으므로 그것을 여러 번 반복해서 진지하게 듣는다.

인내심을 가지고 들어도 좀처럼 듣기 실력이 늘지 않는
다. 자신이 좋아하는 분야, 공부하고 싶은 분야, 관심을 가
지고 있는 분야로 좁혀, 듣는 시간을 가능한 한 많이 확보한
다. 정보 수집과 영어 실력 강화를 동시에 하면 시간을 효과
적으로 이용한다는 만족감도 얻을 수 있다.

말하기 실력과도 관계가 있다. 연습 끝에 조금 귀가 트이
게 되면 들으면서 동시에 입 밖으로 내어 말하는 훈련을 해
보자. '쉐도잉(shadowing)'이라 불리는 연습법이다. 영어 한
단어 한 단어를 자세히 듣는 습관이 붙고, 청취력이 현격히
향상된다.

읽기

읽기 능력을 강화하려면 무엇보다도 많이 읽는 것이 필요하
다. 영자신문과 잡지를 읽는 것이 좋다고들 하는데 나는 오
래 지속하지 못했다. 기사가 짧거나 주제가 제각각이었으
며, 고가였기 때문이다. 권하고 싶은 방법은 어느 정도 이

야기에 집중할 수 있는 페이퍼북을 10권 정도 읽는 것이다. 다 읽었을 때쯤에는 차원이 다른 실력이 붙어 있을 것이다.

소설을 좋아한다면 소설을, 논픽션을 좋아한다면 논픽션을 찾아 읽는다. 사진이 많은 책은 영어에 집중하며 읽을 수 없어 그다지 좋지 않다. 독서를 별로 좋아하지 않는다면 구글 알리미를 이용해 자신의 관심 분야와 관련된 영문 기사를 매일 5, 6건 읽어보자. 점차 영어가 그렇게 어렵지만은 않게 될 것이다.

말하기

말하기 실력을 강화하려면 해외 출장을 가서, 혹은 외국인 상사와 일을 할 때 이야기하고 싶거나 말하고 싶은 짧은 글을 수백 개 준비하여 몇 번이고 읽는 것이 가장 좋은 지름길이다.

예컨대, 다음과 같은 식이다.

■ 그것은 좋은 생각이라고 생각합니다.

→I think that is a great idea. I like it.

■ 조금 우려가 있습니다.

→I have some reservations about this point.

■ 저의 의견을 말씀드리겠습니다.

→Let me share my opinion regarding this point.

이런 식으로 인사 방법, 회의 중 찬성 방법, 반대 의견을 전달하는 법, 업무 의뢰 방법, 외출 시 안내 방법, 식사 중 발언 방법, 곤란할 때 의뢰하는 방법, 고충을 전달하는 법 등 20개 정도 상황별로 나누어 10~20개의 문장을 작성한 후 원어민 친구나 지인에게 의뢰하여 가장 간단한 영어 문장으로 부탁한다. 정중함과 고충의 정도에 따라 몇 종류로 분류하여 써놓으면 자신의 기분과 생각에 꼭 맞는 표현을 할 수 있게 된다.

리스트를 만들어 수십 번 큰소리로 말하기를 연습해두면 실제 상황에서 어떤 식으로든 말할 수 있게 된다. 실제 대화에서 원어민이 사용하는 표현을 들으면 리스트에 올려둔다. 이런 식으로 하면 자신에게 필요한 단문 리스트가 완성되어 간다.

나는 맥킨지에 입사한 직후 스위스에서 열리는 트레이닝 프로그램에 참가했을 때 한마디도 발언하지 못했던 기억이 있다. 스탠퍼드 대학에서 유학까지 했지만 공학석사 과정은 영어 실력이 크게 필요하지 않았기 때문이다. 강사의 설명이나 참가자의 발언, 질문 등은 대략 알아들을 수 있었지만 직접 질문하거나 적극적인 발언은 할 수 없었다. 그 이유를 생각한 결과 그 자리에서 자연스런 영어가 나오지 않았기 때문이라는 것을 깨닫고 앞에서 말한 리스트를 만들어 어쨌든 발언하려 노력한 후에야 극복할 수 있었다.

　덧붙이자면 내가 한국에서 경영개혁 프로젝트를 추진했을 때도 완전히 동일한 방법을 이용해 한국어를 습득할 수 있었다. 정중함에 따라 표현이 많이 달라진다는 점도 주의했다. 예컨대, 같은 감사의 뜻을 표현하는 데도 '고맙다' '고맙습니다' '정말로 고맙습니다' 등이 있다. 이 리스트는 일본에서 태어나 대학을 한국에서 다닌 비서에게 부탁하여 어렵지 않게 작성할 수 있었다.

쓰기

여기서 말하는 '쓰기 실력'은 다음 두 가지로 좁힐 수 있다.

- 메일과 페이스북, 링크드인 등 영어로 메시지를 어느 정도 자유롭게 쓰고 주고받을 수 있을 것.
- 영어 프레젠테이션을 작성할 수 있을 것.

이후에는 영어 블로그나 논문을 자유롭게 쓰는 수준이 될 수 있을지도 모르지만 이것이 첫걸음이다.

쓰기 실력을 강화하려면 원어민으로부터 온 이메일 문장에서 사용할 수 있을 법한 표현을 상황별로 수백 개씩 정리해두는 방법이 가장 손쉽다. 상황별로 정리해둔 다음 짜깁기투성이라도 문장으로 마무리해나간다.

외국계 회사라면 영어 에디터 등이 있을 것이니 첨삭을 부탁하고 없을 경우 원어민 친구에게 첨삭을 부탁해 교정을 한다. 수십 번을 첨삭해 받으면 일단 의미가 통하는 영어를 쓸 수 있게 된다.

영어 프레젠테이션 자료도 마찬가지다. 입수한 영어 프레젠테이션 자료 중에 사용할 수 있는 표현을 정리해둔다. 차트의 포맷, 전체 구성도 가능한 한 정리해둔다. 이런 것부터 시작하면 그런대로 도움이 된다. 이것도 역시 첨삭을 받는 것이 좋다.

자신이 쓴 이메일, 메시지, 프레젠테이션 자료 등으로 그럭저럭 의미가 통하기 시작하면 의욕이 생기므로 점차 숙달될 것이다. 영어는 그 정도로 적당히 한다는 마음으로 주저하지 않고 계속 사용하는 것이 잘하게 되는 지름길이다.

영어 실력을 기르는 데 중요한 것은 일정 분량을 집중하여 공부하는 것인데 헝그리 정신이 약한 사람이라면 혼자서는 좌절하기 쉽다. 마음이 맞는 동료와 경쟁하며 공부하는 환경을 만드는 것이 좋다. 블로그나 페이스북 그룹을 활용해 몇 명의 동료를 만들고 정보를 교환하면서 경쟁적으로 공부하면 쉽게 할 수 있을 것이다.

'메모 쓰기'를 활용해 가장 좋은 방법으로 빠르게 작성한다

대부분 서류와 자료 작성을 시작할 때까지 이것저것 고민하거나 준비와 정보 수집에 지나치게 많은 시간을 들인다. 혹은 수정이 필요하다고 생각하면서도 뒤로 미루거나 다른 일에 시간을 들이는 경우가 많다. 빠른 사람은 1시간 정도면 서류와 자료를 작성하는 데 비해 느린 사람은 3~4시간이 걸려 만들어도 결과가 만족스럽지 못하다.

서류와 자료 작성에 너무 많은 시간을 들이는 것은 무척 안타까운 일이다. 지금부터 누구나 눈에 띄게 빨리 서류와 자료를 작성할 수 있는 방법을 소개하도록 하겠다.

① 쓰려고 생각한 내용을
일단 30~50페이지 정도에 메모한다.

완벽하게 쓰려고 하니까 속도가 늦어지는 것이다. 이것저것 불필요한 생각을 하고 고민을 하므로 서류와 자료 작성에 진전이 없다. 사람들 대부분은 이런 함정에 빠진다.

일정 형식을 전혀 신경 쓰지 말고 앞에서 권장한 '메모 쓰기'의 형식을 취해보자. 생각한 내용에 관해 일단 타이틀을 잡고, 그것에 대해 4~6줄, 각 20~30자 정도를 1페이지,

메모 쓰기의 예

| 문제점 1 | 해결 방침 1-1 | 구체적 방법 1-1-1 |
| 해결 방침 1-2 | 구체적 방법 1-2-1 |

| 문제점 2 | 해결 방침 2-1 | 구체적 방법 2-1-1 |

그리고 1분 내에 계속 써나간다. '포맷과 순서, 형식을 신경 쓰지 않고 쓸 수 있을까'라고 생각하겠지만 실제로 해보면 쉽게 쓸 수 있는 자신을 발견하고 놀라게 될 것이다.

이것은 파워포인트 작업을 하기 전의 시안, 또는 그 전 단계의 초고이므로 형식을 크게 신경 쓰지 않아도 된다. 이렇게 생각하면 사람의 두뇌는 이상할 정도로 잘 돌아가므로 꼭 해보길 바란다. 소요 시간은 1페이지당 1분으로 하여 약 30~50분 정도다.

② 작성한 메모를 책상에 펼쳐놓고 관계있는 것들끼리 가까이에 배치한다.

30~50페이지 정도의 메모를 작성했다면 그것을 큰 책상 위에 늘어놓는다. 가장 일반적인 패턴은 문제점과 과제를 적은 메모를 왼쪽에 늘어놓고 해결 방침을 한가운데, 그것에 대한 구체적 방법은 오른쪽에 배치하는 것이다.

이 단계에서는 아직 목차가 없지만 대략적으로 늘어놓으면 자신이 어디까지 생각하고 있는지, 어떤 부분을 좀 더 깊게 파고들어야 할지가 자연스럽게 보인다.

그중에서 의문점이나 '이렇게 하면 좀 더 좋지 않을까'라는 점이 계속해서 떠오른다. 여기에서도 포맷이나 형식은 전혀 생각하지 않는다. 소요 시간은 10~15분 정도다. 시간을 들이려고 하면 한이 없으므로 이것도 최대한 빠르게 해보자.

③ 늘어놓은 메모를 보면서 목차를 만들고
다시 한 번 메모를 정리해서 쓴다.

이 단계에서 비로소 작성할 서류와 자료의 전체적인 구성이 떠오른다. 목차를 쓸 때는 부서의 서류, 자료의 목차를 수십 종류 복사하고 처음에는 가까운 것을 모방하는 것이 좋다. 소박한 방식이지만 상당히 편하게 할 수 있다.

나는 맥킨지에 들어갔을 때 서류와 자료 작성을 잘하는 편이 아니었기 때문에 관련 자료의 목차나 분석 그림을 여러 장 복사하여 패턴에 빨리 익숙해지려 노력했다.

모방해서 쓰는 동안 자연스럽게 '나라면 이렇게 고치고 싶다'라고 생각되는 점들이 보이기 시작한다. 그러면 물론 납득이 갈 수 있도록 수정하면 된다. 목차를 정했다면 그것에 맞게 각 장의 내용을 적어나간다. 이미 수십 페이지가 눈앞에 있고 대략적인 구성도 세워져 있으므로 확정된 목차에 맞춰 다시 써나가도록 한다. 페이지에 따라서는 4~6줄이 아닌 그래프나 인터뷰 코멘트 등 알아보기 쉬운 범위에서 메모해나가면 이후의 작업이 더욱 순조롭게 풀린다.

④ 모두 적었다면 파워포인트 등을 이용해 입력한다.

이제 드디어 정리한 것을 파워포인트 또는 키노트(Keynote)를 이용해 작성한다. 이미 두 번 다시 썼고 전체 구성도 생각할 필요가 없으므로 입력하기만 하면 된다. 해보면 알겠지만 기분이 매우 좋아질 것이다. 하면 하는 만큼 일에 진전이 있고 두뇌회전이 빨라진 느낌이 든다. 그렇게 되면 선순환이 시작되어 자신감이 솟고 모든 부분에서 속도가 더욱 향상된다.

처음에는 목차, 각 페이지의 타이틀, 일부 페이지는 본문까지 기입한다. 모든 입력을 마쳤다면 다시 전체를 검토하고 전달해야 할 메시지가 명확하게 전달되었는지, 빠진 내용은 없는지를 확인한다. 전체를 입력한 후 몇 번이고 다시 보면 계속해서 아이디어가 샘솟는다. 전체상이 보이므로 빠른 속도로 나아갈 수 있다.

⑤ 마지막에는 숙성의 시간을 가져라.

일단 완성시키면 개선에 대한 아이디어가 솟는다. 잇따라 전체적으로 수정 작업을 하거나 그때마다 목차로 돌아가거나 각 장의 주요 부분으로 돌아가 전체적인 균형이 맞는지 확인한다.

여기까지 한 후 잠시 방치한다. 나는 이것을 '숙성시킨다'고 부른다. 대체적인 부분은 완성되어 있으므로 마음에 여유가 생긴다. 사전에 몇 명에게 의견을 물으면 보다 객관적인 입장에서 전체를 볼 수도 있게 된다.

마감에 조금 여유를 두고 완성시키면 기분이 매우 편해진다. 초조해하지 않고 전체상을 바라볼 수 있으며 다른 관점에서도 볼 수 있다. 그렇게 하면 남은 시간을 보면서 작은 수정을 가하고 동시에 큰 수정도 해보고 싶은 생각이 든다. 만에 하나 잘되지 않더라도 이미 합격점을 받아놓았으므로 크게 걱정할 필요가 없다. 마음의 여유가 있는 상태에서 하면 전체상도 보이고 시간이 걸리는 작업의 대부분이 끝났기 때문에 큰 수정 작업도 빠르게 마무리할 수 있다.

한 번쯤 완성한 것을 냉정한 시각을 가지고 상대의 관점에서 검토하므로 아웃풋의 질은 빠르게 향상된다. 많은 시간을 들이지 않고도, 매우 즐거운 기분으로 해낼 수 있다.

얼마나 빨리 '전체상'을 파악하느냐가 포인트

이상을 정리하면, 우선 메모를 활용하여 형식은 신경 쓰지 않은 상태에서 빠르게 전체상을 구축하고 PDCA를 실행하여 마무리하면 평소보다 몇 배나 빠른 속도로 서류와 자료를 작성할 수 있다.

전체적으로 한 번 완성되면 인간의 머리는 갑자기 잘 움직이게 된다. '저것도 끝내고 싶다' '이것은 좀 전의 방향으로 돌리고 싶다' 등의 아이디어가 계속해서 샘솟기 때문에 끝까지 집중하여 작업을 진행할 수 있다. 나는 서류와 자료 작성을 꽤 많이 하는 편인데 집중하여 진행할 때와 그렇지 않을 때의 속도는 유감스럽게도 5~10배까지 차이가 난다. 어떻게 그 최고 속도까지 끌어올릴 것인가 하는 것이 중요한 과제이며 그 관건은 전체상이 확실히 보이는가 그렇지 않은가에 달려 있다.

전체상이 보이지 않으면 속도가 늦어질 뿐 아니라 스트

레스를 받아 아이디어도 떠오르지 않게 된다. 결과적으로 개선해나갈 수 있는 PDCA를 실행하기 어렵다. 우선 불필요한 것을 생각하지 않고 적극적으로 처리하는 자세를 기본으로 삼자.

파워포인트에 관한 주의점

파워포인트는 일을 할 때나 그 밖의 상황에도 필수적이므로 이번 기회에 습득하길 바란다. 의식 속에서 파워포인트를 꺼려한다면 일의 속도가 좀처럼 오르지 않고 팀 혹은 관계자와의 커뮤니케이션에도 지장을 초래할 것이다.

나도 처음에는 파워포인트를 좋아하지 않았지만 필요한 명령어(command)를 리스트업하고 스스로 매뉴얼을 만들고 나서는 적어도 어려워하던 마음이 많이 사라졌다. 파워포인트로 만든 자료를 접할 기회는 매우 많을 것이므로, '바로 이거야'라고 생각되는 것은 모두 '파워포인트 예제' 폴더를 만들어 보관해두면 훨씬 마음이 편해질 것이다.

또한 파워포인트에서 꼭 알아두어야 할 명령어가 몇 개

있다. 파워포인트를 잘 다루는 사람에게 한 시간 정도 배우면 스킬이 훌쩍 늘 수 있다. 다행히도 파워포인트와 같은 도구는 그 학습과 숙련에 열의를 불태우는 사람이 꽤 많으므로 그런 사람을 찾아 부탁하면 기꺼이 가르쳐줄 것이다.

한 가지, 그다지 알려져 있지 않지만 매우 유용한 명령어가 있다. 그것은 '위 혹은 아래로 행을 이동'하는 것으로, 바로 'Shift+Alt+위 혹은 아랫방향 키'다. 행을 뒤바꿀 때 사람들은 대부분 그 줄을 '잘라붙이기(cut and paste)'해서 소정의 장소로 옮기지만 단순히 커서를 옮기려는 행에 두고 키를 누르면 바로 이동할 수 있어 문장의 편집이 매우 편리해진다. 이것만은 기억해두도록 하자(또한 이 명령어는 워드에서도 사용할 수 있다).

전체상을 상사에게 확인하면서 진행한다

서류와 자료 작성에 시간이 걸리는 이유는, 본인에게도 문제가 있지만 상사 쪽에서 무엇을 원하는지 명확하게 말하지 않거나 말하지 못하는 데 있다. 나아가 무능한 부하직원이 몇 년 후에는 무능한 상사가 되므로 이것이 조직 문화가 되어버린다.

앞에서 전체상을 파악하는 것이 중요하다고 했는데, 상사의 지시로 일을 진행할 때 전체상을 확인하지 않고는 진행할 수 없는 경우가 종종 있다. 상사의 지시가 애매하고 확실하지 않거나 지시 내용이 모순된 탓에 다시 질문하면 불쾌감을 드러내는 상사도 많다. 불쾌감까지는 아니더라도 앞뒤가 맞지 않는 부분을 확인하려고 하면 그때마다 말이 조금씩 미묘하게 바뀌기도 한다.

몇 번을 되물어도 지시 사항이 명확해지지 않고 귀찮아하는 느낌만 받으므로 부하직원의 입장에선 확인 단계를 생략하고 일단 추진하는 수밖에 없다는 생각이 드는 것이 아닐까? 이런 상황에서는 일을 진행시켜도 잘될 리가 없다. 상사는 명확하게 지시를 내리지 못하면서도 부하직원의 일에 대해 옳고 그름을 논하는 입장에 있다. 일반적으로 부하직원보다 훨씬 많은 정보를 가지고 있으므로 새로운 관점에서 트집을 잡는 경우도 어렵지 않게 벌어진다. 애초에 '상사는 명확한 목표상을 가지고 정확한 지시를 내려야 한다'는 생각이 없으므로 부하직원을 어중간한 상황에 놓이게 만들고서도 태평하다. 아니 오히려 그렇게 하는 것이 부하직원의 자주성을 존중하여 성장에 도움을 주는 거라고 착각하는 상사도 적지 않다.

왜 이런 우스꽝스러운 일이 생기는 것일까? 국내 상당수 기업에는 아직 연공서열이 뿌리 깊게 남아 있어 자신보다 몇 년 앞서 입사한 선배들 중에 조금 착실한 사람이 상사가 되는 경우가 많다. 하지만 유감스럽게도 회사 차원에서 부하직원을 어떻게 키우고 어떤 지시를 내려 보다 큰 성과를 낼 수 있을지에 대한 체계적인 교육이 거의 이루어지지 않는다. 일류기업, 대기업이라 일컬어지는 회사에서도 이것은 크게 다르지 않다. 물론 관리직 연수는 이루어지고 있지만 부하직원 육성에 입각한 실천적 트레이닝은 대체로 찾아보기 힘들다.

이 상태로는 모처럼 서류나 자료 작성을 마쳤어도 결국 재작성을 해야 한다. 스피드 향상을 목표한다면 절대적으로 피해야 하는 상황이다.

지시를 받는 부하직원 쪽에서 할 수 있는 현명한 대응이라면 처음에 '지시하신 것에 대해 이러저러한 전체상으로 진행하려는데 괜찮을까요?'라고 확인하고 도중에 수시로 확인하면서 처리해나갈 수밖에 없다.

자신이 생각한 결과에 대한 이미지를 가능한 한 구체적으로 써서 상사와 조정해둔다. 다음에 설명하는 방법은 원래는 상사가 부하직원에게 실천해야 하는 아웃풋 이미지 작성 접근법을 역으로 실행하는 방식이다.

예컨대 30쪽 정도의 기획서를 작성할 경우, 표지, 목차를 쓰고 실제로 페이지 번호도 매기고 각 페이지에 무엇을 쓸 것인지 메시지와 차트 이미지(꺽은선그래프나 원그래프, 인터뷰 코멘트 등)를 대략적으로 적는다. 가능한 한 메시지를 명확하게 쓰고 파워포인트로 입력하고 나서 설명한다. 소개한 방법으로 진행하면 불과 며칠이면 형태를 갖추게 되므로 시간을 낭비하지 않을 수 있다.

이것을 상사에게 보고하여 이미지가 벗어나지 않았는지 확인한다. 마감까지 4, 5회 이상 진척 상황을 보고하고 상사의 기대와 차이가 없는지 혹은 상사의 기대 자체에 변동이 없는지를 확인한다. 도중에 하는 보고나 진척 상황에 대한 확인을 싫어하는 상사도 있지만 그 점은 상황을 살피며 적절히 보고하여 조절하는 수밖에는 다른 방법이 없다.

아웃풋 이미지
작성 방법

여러분이 상사로서 부하직원에게 서류와 자료 작성을 지시
할 때, 생산성이 매우 높은 방법이 있다.

처음에 아웃풋 이미지(업무 완료 시 어떤 이미지여야 하는지 제시한
것)를 가능한 한 자세하게 글로 제시하는 것이다. 익숙해지
고 나면 이후에는 30분 정도만 할애해도 아웃풋 이미지를
글로 작성해 부하직원과 조정하고 작업을 맡길 수 있게 된
다. 이렇게 하면 일이 다른 길로 빠지지 않고 가장 빠른 스
피드로 진행되며 아웃풋의 질도 향상된다.

상사와 부하직원의 차이를 이해한다

부하직원은 상사가 무엇을 요구하고 있는지 잘 모르는 경우가 많다. 상사는 잘 전달했다고 생각해도 경험과 이해력에 차이가 있으므로 전달하고자 하는 내용이 정확히 전해지기 어려울 때가 많다. 부하직원이 가지는 정보량은 상사와 비교하면 몇 분의 일도 안 되는 것이 보통이다. 구두 지시일 때는 아무리 많은 시간을 들여도 설명이 끝난 시점에서 이해의 정도에 차이가 생기게 된다. 그런 의미에서 "이런 자료를 만들었으면 좋겠는데. 알겠나?" "예, 알겠습니다"라는 상황이 가장 좋지 않다.

구두로 하면 처음부터 이해에 갭이 있을 뿐 아니라 말한 사람이나 들은 사람이나 시간이 지나면서 기억이 애매해진다. 자신에게 유리한 것밖에 기억나지 않는다. '분명 이렇게 말했다' '이렇게 들었다'라고 굳게 믿고 있어도 도중에 다른 방향으로 흐르는 경우가 종종 일어난다. 결과적으로 상사는 효과적으로 지원하지 못해 기대했던 성과를 거두지 못할 뿐 아니라 부하직원에게는 과도한 스트레스와 업무를 발생시킨다.

구체적인 단계

'아웃풋 이미지 작성 방법'은 이런 상사와 부하직원 간의 정보량 격차, 역량 차이, 지시의 애매함 등에 대해 극적인 효과를 발휘한다.

이는 원래 맥킨지 시절, 한국에서 혼자서 7~10건의 프로젝트를 동시에 진행했을 때 어쩔 수 없이 클라이언트의 팀 멤버를 대상으로 실행했던 방법이다. '콜럼버스의 달걀'처럼 새로운 시각에서 발견하고 시도하고 확립했다. 성장 과정에 있는 담당자를 육성하면서 과도한 압박감을 주지 않는 동시에 아웃풋의 질만은 타협하지 않는다. 독특하기는 하지만 지금까지 다양한 상황에서 실시하였고 어떤 현장에서도 매우 효과적임이 실증되었다.

그 핵심을 정리하면 다음과 같다.

- 부하직원에게 맨 처음 일을 지시할 때 일이 완료되었을 때의 아웃풋 이미지를 최대한 자세하게 적어 제시한다.
- 기획서, 보고서 등의 자료 작성 업무인 경우는 전체 목

차, 페이지 수, 페이지 배분을 결정하고 각 페이지에
타이틀을 적고 페이지 번호를 매긴다.

■ 익숙해지면 부하직원의 눈앞에서 이 아웃풋 이미지를
작성하여 합의하고 일에 착수하도록 한다.

■ 처음에 최종 목표를 명시하고 도달할 때까지 중간 중
간 가능한 한 자주 진척 상황 확인 미팅(2주일 경우, 7~10
회 정도)을 가져 과도한 스트레스와 압박감 없이 빠르게

아웃풋 이미지 작성 방법

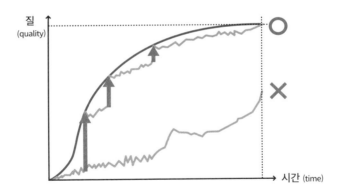

■ 상사가 구두로 애매한 지시를 내려 부하직원이 오해하거나, 부하직원이 일 자체
에 익숙하지 않으면 서류와 자료 작성은 확실히 실패한다(×).

■ '아웃풋 이미지 작성 방법'을 사용해 진척 상황을 확인하면 질도 스피드도 현격
히 개선된다(○).

목표에 도달할 수 있다.

- 진척 상황 확인 미팅 때마다 작성 중인 자료의 전체를 부하직원에게 복사하도록 하여 새롭게 완성된 페이지에 대해 설명을 들으면 상사로서는 진척 상황과 이제까지의 경위를 쉽게 확인할 수 있다.
- 진척 상황 확인 미팅을 할 때 부족한 부분을 상사가 보충한다.
- 미팅 횟수가 많으면 한 번 미팅에 소요되는 시간이 10~15분이면 충분하여 거의 수고가 들지 않는 반면 아웃풋은 급격하게 개선된다.

왜 아웃풋 이미지 작성 방법이 효과적일까

통상의 업무 방식과 업무지시 방법을 따르면 상당한 갭과 번복이 생겨 수정 작업이 많아지지만 앞의 단계를 밟으면 상사와 부하직원 사이의 갭을 대부분 예방할 수 있다. 3일간의 일이든 2주간의 일이든 아웃풋 이미지를 처음에 작성하여 조정했기 때문에 서로 어긋나는 일이 없다.

부하직원에게 무엇을 원하는지, 구체적으로 표현하지 못하는 상사가 많다. 30분 만에 아웃풋 이미지를 작성하는 것은 처음에는 꽤 힘들지만 그것을 준비하는 과정에서 새로운 발견을 할 수 있어 상사 자신도 크게 성장한다.

'상사가 도와주면 본인의 성장에 도움이 안 되지 않을까?'라는 우려도 필요 없는 걱정이다. 유능한 부하직원에게는 피드백의 양과 빈도가 자연스럽게 감소하기 마련이다.

일단 물에 던져놓고 허우적대다 스스로 수영을 배우게 하는 것은 완전히 옛날 방식이다. 그런 문화를 가진 조직은 노하우를 축적하지 못해 큰 성과를 올릴 수 없을뿐더러 유능한 인재가 빠져나가고 성과 유출도 계속된다.

디자인, 프로그래밍 업무에도 효과적

앞의 설명은 서류와 자료 작성에 관한 것이지만, 디자인과 프로그래밍의 경우에도 이에 준해서 진행하는 것이 바람직하다. 요컨대 상사가 업무 내용에 대해 정확한 지시를 내리지 않고 종종 환상의 호흡을 기대하며 일을 시키는 곳이라면 더더욱 유효한 방법이다.

난이도가 높은 긴급 프로젝트도 아웃풋 이미지에 대한 합의가 필요하다. 방향이 보일 때까지는 함께 달리며 견본을 보여주는 편이 시간의 허비 없이 큰 성과를 거둘 수 있다. 과도한 압박감도 사라지고, 부문의 중요한 업무가 실패할 위험도 감소한다.

블라인드 타이핑과
단축키

블라인드 타이핑으로부터 도망칠 수 없다

키보드를 보지 않고 얼마나 빨리 입력할 수 있을까? 이른바 정확한 '블라인드 타이핑'의 가능 여부에 따라 업무 스피드에 결정적 차이가 생긴다. 잘 보면 자유롭게 블라인드 타이핑을 할 수 있는 사람은 전체의 3분의 1 혹은 그 이하에 머문다. 이상할 정도로 많은 사람이 블라인드 타이핑을 못하는 채로 자신을 방치하고 있다. 이 수준에 따라 업무의 스피드도 기분도 크게 영향을 받는데도 말이다. 자신이 그렇다면 무슨 일이 있어도 마스터하겠다는 결의를 가지고 임해주길 바란다. '앞으로 몇 년만 있으면 음성입력 장치가 나올 텐데'라는 변명을 하며 블라인드 타이핑 연습을 보류하는 사람도 있다. 음성입력의 성능은 확실히 날이 갈수록 개선되고 있지만 한자 변환이나 단어 등록 등을 생각하면 당분간은 블라인드 타이핑 쪽이 훨씬 빠르고 정확하다. 원래 문어체와 구어체가 다르므로 문어체로 말하는 것은 상상 이상으로 어렵다. 적어도 나는 전혀 자신이 없다.

연습이라고는 해도 특별한 방법이 있는 것은 아니다. 의식만 한다면 이메일을 열심히 쓰거나 블로그를 쓰면서 자연스럽게 배울 수 있다. 피아노나 기타와는 달리 블라인드 타이핑은 대부분 누구나 몇 주 정도면 습득할 수 있다. '블라인드 타이핑을 꼭 해야 하나' 하고 주저하는 동안은 숙달이 되지 않으므로 일단 결심하는 편이 좋다.

주의할 점은 회사와 자택에서 다른 PC를 사용하면 키의 배열이 미묘하게 다르거나 터치감이 다르므로 숙련하기 어렵다. 앞서 설명한 것과 같이 가능한 한 한 대의 PC를 사용하는 것이 바람직하다.

단축키를 활용하라

스피드 향상에는 단축키의 활용도 꼭 필요한데 사용하지 않는 사람이 많은 것에 놀랐다. 예컨대, 여러분은 다음의 단축키를 자연스럽게 사용할 수 있는가? 여기서는 윈도우즈의 경우로 예를 들어보자.

- 〔행을 위아래로 바꾼다〕Shift＋Alt＋위 혹은 아래 화살 키
- 〔창을 닫는다〕Ctrl＋W(Ctrl을 누른 채 W를 누른다)
- 〔명령어를 한 동작 전으로 되돌린다〕Ctrl＋Z(디폴트로 20회 정도 가능)
- 〔되돌린 명령어를 반대로 되돌린다〕Ctrl＋Y
- 〔파일명을 수정한다〕파일을 선택하고 F2
- 〔이메일을 아직 읽지 않았음으로 되돌린다〕M[메일 서비스 '선더버드(Thunderbird)'의 경우)〕

위아래로 줄을 바꾸는 키는 파워포인트에서도 많이 쓰인다. 이것을 알고 있는 것과 모르는 것은 문장의 작성, 편집

에 드는 수고의 정도가 크게 다르다. 가장 사용빈도가 많은 명령어지만 벤처, 대기업을 불문하고 사람들 대부분이 모른다.

브라우저를 띄우고 정보를 수집한 후 창을 닫기 위해 오른쪽 상단의 닫기 버튼(×마크)을 클릭하고 닫는 사람이 많은 것을 알고 놀랐다. 이것은 Ctrl+W로 한 번에 할 수 있다. 커서를 오른쪽 상단에 가져가는 시간이 얼마나 걸리는지 보라. 1초 만에 할 수 있는 사람은 나은 편으로, 서툰 사람은 2초 이상 걸리기도 한다. Ctrl+W라면 1초도 걸리지 않는다. 몇 초가 걸려도 신경 쓰지 않는 사람의 업무에는 이것 외에도 개선의 여지가 많을 것이다.

PC를 조작할 때 잘못 조작하는 경우가 종종 있다. 삭제해서는 안 되는 것을 삭제하거나 이동해서는 안 되는 것을 이동하는 등등. 이런 경우에는 Ctrl+Z가 매우 편리하다. 이것을 이용해 한 동작씩 되돌릴 수 있으므로 자주 사용한다. 그렇게 동작을 되돌렸을 때 너무 많이 되돌리는 경우도 있다. 그때는 Ctrl+Y를 이용해 반대로 되돌리면 된다.

파일명은 날짜를 입력하는 등 수정할 것이 많은데 F2로 바로 수정할 수 있으므로 이것도 무척 유용한 방법이다. 이것을 마우스 오른쪽을 클릭하여 '이름 변경'을 하는 사람이 많다는 사실을 알고 무척 놀랐다. 대체로 이런 사람들은 조작이 느리기 때문에 오른쪽 클릭에 2초, '이름 변경'을 선택하는 데 또 2초가 걸린다. 요컨대 이런 사람은 PC의 조작 자체가 매우 느려 당연한 일이지만 서류와 자료 작성에도 정신이 아득해질 정도로 오랜 시간이 걸린다.

한편 너무 당연한 일이라 적기도 우습지만, 다음의 단축키도 역시 중요하다.

- [복사하기] Ctrl +C
- [오려두기] Ctrl +X
- [붙이기] Ctrl +V

이것을 마우스의 오른쪽을 클릭하여 실행하는 사람을 보면 이 사람은 스피드를 전혀 의식하지 않고 있다는 생각을 하게 된다.

'자주 반복하는 번잡한 동작을 간단히 하기' 위해 단축키가 있는 것이다. 그 대원칙으로 돌아가 자신이 필요로 하는 명령어를 스스로 찾아 생산성을 높이도록 하자. 이것은 '진심으로 일을 진행할 것인지, 아닌지' '컴퓨터의 조작에 단 몇 초라도 불필요한 시간을 낭비하고 싶은지, 아닌지' '시간을 함부로 소비해서는 안 된다는 가치관을 가졌는지, 아닌지'의 선택이다.

'그런 사소한 일은 아무래도 상관없다. 나는 내용에 충실하겠다'고 생각하는 사람은 이런 노력의 축적이 얼마나 스피드를 향상시킬 수 있는지, 그 결과 PDCA를 빠르게 실행하여 내용을 얼마나 개선할 수 있는지를 언젠가는 깨닫게 되길 바란다.

재사용할 수 있는 파일은 전용 폴더에 저장한다

업무를 진행하는 데 많은 자료와 메일을 작성하여 주고받는 것은 필수적이다. 그런데 자료와 이메일을 쓰는 그때마다 다시 새롭게 준비하면 시간이 아무리 많아도 부족할 수밖에 없다. 나는 데스크톱에 '재사용 폴더'를 만들어 부분적으로라도 재사용이 가능한 파일이나 이메일을 모두 보관하고 있다.

보존 방법은 이렇다. 파워포인트, 워드, 엑셀 등을 이용해 자료를 작성한 후 '날짜＋자료명'을 파일명으로 한다. 예컨대, 2015년 4월 1일에 신규 사업 구상에 대해 작성했을 때는 '15-04-01 신규 사업 구상'이란 파일명을 붙여 안건별 폴더에 넣고 동시에 복사본을 '재사용 폴더'에 저장한다.

몇 주 혹은 몇 개월 후에 비슷한 내용으로 자료를 작성해야 할 때, '재사용 폴더'에서 해당 파일을 찾아 새로운 날짜로 저장하고 필요한 수정을 가한다. 또한 그 파일은 해당되는 안건별 폴더에 넣고 복사본을 '재사용 폴더'에 저장한다.

이런 식으로 나의 '재사용 폴더'에는 수백 개 이상의 파일이 저장되어 있다. 재사용할 때마다 미세 수정이 가해져 두세 종류의 파생 파일이 생성되며 전체적으로 완성도는 갈수록 높아진다.

이메일 역시 마찬가지로 '날짜＋안건명'으로 보관한다. 이메일에 관해서는 '문장 예' 폴더를 만들고 그것에서 찾아 활용하고 있다.

파일은 자주 저장하고
PC 멈춤 현상에도 대비한다

업무 처리 속도를 향상시키는 데 가장 큰 치명상은 시간을 들여 작성한 파일을 실수로 삭제해버리는 것이다. 주의하지 않으면 막상 필요할 때 이 같은 실수를 저지르게 된다. 또한 프레젠테이션 직전까지 작성하여 막 완성했는데 공교롭게도 직전에 파워포인트가 말을 듣지 않아 마지막에 첨가한 페이지가 사라지는 경우도 발생하곤 한다.

원래 몇 분에 한 번은 자동 저장되도록 설정되어 있겠지만, 어떤 이유로 그 자동 저장된 최신 버전을 착각하고 삭제하는 경우가 있다. 다급하게 그 사실을 알고 복구해보려 하지만 아무리 찾아도 찾을 수 없어 눈앞이 캄캄해진 경험은 누구에게나 한 번쯤은 있을 것이다. 우리 인간이 멍하니 있거나 당황하거나 주의가 산만해지면 신이 반드시 그것을 조롱하듯 장난치는 것 같다.

윈도우즈의 경우, 버전7 이후로는 갑작스런 멈춤 현상이 발생하지 않게 되어 정말로 다행이지만 그래도 파워포인트나 워드 등의 애플리케이션에서는 아직 이 문제가 완전히 해결되지 않고 있다. 때문에 파워포인트, 워드, 엑셀 등의 자료 작성을 할 때는 의식적으로 계속해서 저장할 필요가 있다. Ctrl +S로 빠르게 저장하도록 하자.

좀 더 심각한 문제도 발생하는데 바로 PC가 멈추는 경우다. 'PC는 커피를 매우 좋아한다'라는 말이 생길 정도로, 손이 어딘가에 걸리거나 미끄러져 키보드 바로 위에서 자신도 모르게 커피를 쏟는 식의 이상한 일이 자주 발생한다. 직장에서는 다른 사람의 PC 바로 위에서 머그컵을 건네는 무신경한 사람이 꼭 있으므로 항상 주의해야 한다. 그럴 때 나는 황급히 키보드를 덮는다. 특히 기내에서 일을 할 때면 승무원이 음료를 PC 바로 위에서 옆 좌석의 승객에게 건네는 일이 많아 가슴을 졸이기도 한다. 아무쪼록 주의하자.

이런 이유에서라도 자주 저장하는 버릇이 꼭 필요하다.

사무실에 설치된 하드디스크도 정기적으로 저장하고 있지만 또 한 가지 나는 PC 다운을 대비해 작성 중인 최신 파일을 지메일(Gmail)로 내게 발송하는 것을 잊지 않는다. 이렇게 하면 마감 직전에 PC가 멈춰 낭패를 보는 일이 없어진다. 다른 PC로 다운로드할 수 있기 때문이다. 지메일은 30M 정도까지 파일을 보낼 수 있어 일일이 USB 메모리에 저장해두는 것보다 매우 편리하다.

최근에는 드롭박스(Dropbox) 등의 온라인 저장공간(on-line storage)이 널리 보급되었지만, 아직 보안상의 문제로 인해 나는 이용하지 않고 있다. 다만, 나는 컨설팅이란 기밀성이 높은 일을 하고 있기 때문에 사용하지 않는 것이므로 이 점을 크게 신경 쓰지 않아도 되는 성격의 업무라면 이용해도 무방하다.

인터넷을 끊고
집중하여 작성한다

지금까지 소개한 방법도 모두 효과가 있지만 서류와 자료의 작성 시간을 최소화하는 것은 결국 얼마나 집중하여 작성하는가에 따라 크게 좌우된다. 단순 작업이 아니므로 집중하여 작성하면 1시간 만에 끝낼 수 있는데 몇 시간이 걸려도 전혀 진척을 보지 못하는 경우가 자주 있다. 게다가 질적으로도 향상되지 않는다. 다른 업무는 그런대로 우수한데 서류와 자료 작성에서만 이상하게 생산성이 낮은 경우를 종종 볼 수 있다.

사람에 따라서는 잡음이나 소음이 있어도 집중할 수 있는 작업이 있는가 하면 조금이라도 잡음이 발생하면 집중할 수 없는 작업도 있을 것이다. 나의 경우, 설명이나 제안, 강연을 위한 자료는 어떤 상황에서도 집중하여 작성할 수 있다. 지하철 속이든 붐비는 곳이든 어디서나 평온한 마음으로 작업이 가능하다.

하지만 블로그나 책을 쓰는 데는 아직 많은 시간이 소요된다. 많은 시간이라고는 해도 집중하지 못하고 하루하루를 덧없이 보내버리는 수준이다. 조금 작업했는데 벌써 하루가 끝나버리고 다음 날 어떻게든 다시 하려고 해보지만 또 다시 다른 일에 시간을 빼앗기게 된다. 이런 식으로 작업하는 탓에 일본에서 베스트셀러가 된 『0초 사고』도 출판을 합의하고 나서 2년 이상의 시간이 걸렸다. 2년이란 기간 중 실제로 원고를 쓴 날은 마지막 6개월 정도였으며, 결과적으로는 편집자에게 큰 폐를 끼치고 말았다. 그나마도 이제 더 이상은 미룰 수 없다는 생각에 필사적으로 애쓴 결과였다.

블로그나 책은 마감을 조정할 수 있다고 생각하므로 이런 문제가 생긴다. 또 나는 초등학교 작문시간 이후 긴 문장에 대한 거부감이 생겨 글을 쓰는 데 좀처럼 집중하지 못하는 편이다.

이때 가장 권장할 만한 방법은 인터넷을 끊고 집중하여

작성하는 것이다. 내가 사용하는 PC는 LAN이나 WiMAX
로 항상 인터넷과 연결되어 있다. 그로 인해 하루 20~30회
이메일을 체크할 수 있다. 미팅 시간 외에는 이메일이 쌓인
적이 거의 없다. 보통은 이렇게 하면 일의 스피드가 크게 향
상되고 상대방도 빠른 답변에 놀라워하는 등 장점이 많지만
블로그나 책을 쓸 때는 치명적인 걸림돌이 된다. 전혀 작업
을 할 수 없을 정도로 집중력을 계속 흐트러트린다.

이번에 이 책을 쓰면서 하루에 수차례 1시간씩 인터넷을
끊고 집중하여 써보았더니 이전보다 훨씬 더 많은 진전을
보였다. 회의 중에는 당연히 이메일에 답장을 보낼 수 없으
며 회식 중이나 잠을 자는 동안에는 답장을 보내지 못한다.
이렇게 생각하면 블로그나 책을 쓰는 시간에 답장을 보내지
않는 것도 비슷하다고 할 수 있다. 원래 이메일에 빠르게 대
응하고 있으므로 속도를 조금 늦춰도 보통 사람보다는 꽤
빠른 편에 속한다. 블로그와 책은 시간을 정해놓고 쓰지 않
으면 전혀 진전이 없다는 점을 명심하자.

서류나 자료 작성에 집중하지 못해 고민인 사람은 반드
시 하루에 한두 번 정도는 1시간 동안 인터넷을 끊고 서류
나 자료를 쓰는 데 몰두할 필요가 있다. 1시간을 작업했다

면 잠시 인터넷을 연결해 필요에 따라서는 답장을 쓰고 다시 1시간 동안은 인터넷을 끊고 작업해보자. 그러면 큰 무리 없이 회의에 참석해 있는 것과 같은 감각을 유지하며 작업의 진전을 볼 수 있다.

이메일 답장 외에도 부하직원으로부터 상담을 많이 받는 상사는 1시간 정도 어딘가 방에 틀어박혀 집중하는 것이 좋다. 회의에 출석했다고 생각해보자. 그 시간 동안에는 인터넷을 끊고 설사 휴대전화가 와도 긴급 이외에는 받지 않도록 하자.

모든 회의 시간을
절반으로 줄여라

만일 회사 혹은 부서의 업무 방식을 어느 정도 바꿀 수 있는 입장이라면 오늘부터 모든 회의 시간을 절반으로 줄이자.

나는 지금까지 다양한 회사의 회의에 여러 번 참가했는데 어떤 회사, 어떤 부서든 회의의 생산성은 매우 낮은 수준이었다. 발언이 적고 서로 어색한 분위기 속에서 그저 속절없이 시간만 흐른다. 사장이나 그 자리의 리더가 좀 더 적극적으로 나서면 좋겠는데 무슨 이유에선지 모두 망설이며 누군가 발언하기를 기다린다. 혹은 누군가가 일방적으로 긴 연설을 하고 다른 참석자는 무료한 시간을 보내기도 한다.

발언이 명쾌하지 않아 논의가 계속 겉돌거나 핵심에서

벗어나도 회의 진행자는 바로잡으려 하지 않는다. 회의 참석자 전원이 참고 듣는다. 그뿐 아니라 의제가 있어도 무엇을 어디까지 결정해야 할지 정해지지 않은 경우가 많으며 아무 생각 없이 모여 아무 생각 없이 논의한다. 가장 많은 준비 비용이 들고 중요한 경영 회의마저 진행이 느슨하다. 회의가 아닌 사장 한 사람의 독무대가 되기 일쑤다.

이런 회의들을 보면서 나는 어떻게 해서든 회의의 생산성을 높여야겠다는 생각을 하게 되었다. 명확한 의제, 설명 자료를 준비하는 것은 기본이고 특히 회의 시간을 절반으로 줄여도 아무 문제가 없을 것이라고 가설을 세우고 실행해보았다.

2시간 회의는 1시간으로, 1시간 회의는 30분으로, 30분 회의는 15분으로 줄였다. 일단 해보면 아무 문제가 없다. 오히려 진행 속도가 빨라지고 발언이 늘어난다. 평소 발언하지 않던 사람도 과감하게 발언을 한다. 이를 실천해보면 꽤 즐거운 감정을 경험하게 될 것이다. 가장 좋은 것은 평소보다 훨씬 빨리 끝나므로 마음의 여유가 생긴다는 점이다. 회의가 빨리 끝나고 나면 참석자 중 몇 명은 마음속에 품고 있던 의견이나 정보를 교환할 수도 있다.

여러분이 경영자 혹은 경영에 참여하는 간부라면 즉각 회의 시간을 반으로 줄여보자. 아마도 반대하는 사람은 없을 것이다. 부하직원들은 이미 긴 회의 시간과 낮은 생산성에 난처해하고 있었기 때문이다. 만일 회의 시간에 영향을 줄 수 있는 입장이 아니라면 반드시 상사를 설득해 실행할 수 있게 하자.

회사에서 회의 개혁을 진행하려면 '회의의 생산성 증가 리더'를 두고 진행하는 것이 좋다. 예컨대 회의에서 발언 시간의 비율을 보자. 발언하지 않은 '틈'이 꽤 있을 것이다. 또한 발언이 질문인지, 의견인지, 단순한 감상인지, 회의의 진행과 목적에 어디까지 부합하고 있는지를 분석한다. 발언 하나하나의 소요시간을 산출하면 소수의 사람이 얼마나 많은 연설을 했는지도 한눈에 알 수 있다.

내가 지원한 한 기업은 '5분 미팅' '10분 미팅' '15분 미팅'을 도입하고 분 단위로 신속하게 논의를 진행할 수 있게 계획을 세워 실행으로 옮겼다. 좀 더 긴 회의도 물론 있지만 짧은 미팅에 익숙해지면 발언의 양과 빈도가 증가하고 논의의 스피드도 크게 향상된다.

회의와 출석자의 수를
반으로 줄여라

회의를 개선하는 방법은 시간을 줄이는 것 외에 또 있다.

큰 기업일수록 회의의 수가 많고 내용적으로도 조금씩 중복되어 있으며 하나로 합치면 좋은 회의를 나누어 개최하기도 한다. 한 번 결정되면 바로 실행하여 성과를 내면 좋을 텐데 예비 검토회의, 1차 검토회의, 2차 검토회의, 중간 보고회의, 최종 보고회의 사전협의회, 최종보고회 등의 회의가 계속 이어진다. 회의의 수를 절반으로 줄이는 것은 충분히 가능하다. 회의의 수는 계속 늘어나기 마련이므로 6개월에 한 번은 검토하여 횟수를 절반으로 줄여나가야 한다. 회의의 상당 부분은 일시적 위안이며 결정을 연기하는 것에 지나지 않는다. 회의 자리에서 신제품이나 새로운 서비스에 대한 아이디어가 나와 성공하는 경우는 없다.

한편 회의 출석자를 최소 인원으로 줄이는 것 역시 일을 빠르게 진행하는 데 매우 중요하다. 보통 직장 안에서 진행되는 회의를 보면 회의 목적이 분명하지 않고, 발언하지 않는 사람들까지 참석해 결과적으로 너무 많은 사람이 참여한다. 다시 말해 정보 공유를 위한 다수의 회의가 이루어지고 있는 것이다. 이것을 필요한 최소 인원으로 줄이면 회의 총 시간과 비용이 크게 절감된다. 자신과 부하직원의 생산성도 대폭 향상된다.

회의를 통한 정보 공유가 중요하다고 생각하는 사람도 있지만, 이메일로 자료를 공유하는 것으로 충분한 경우도 적지 않다. 각자가 자료를 보고 질문하고 싶은 내용이 있으면 사내 개설 온라인상으로 질문하면 된다. 월차 조례와 같이 얼굴을 맞댄 자리에서 중요한 발표를 하고 질의응답을 하는 것도 물론 효과적이지만 대부분의 회의는 얼굴을 마주하지 않고 자료를 숙지하는 것만으로도 충분할 때가 많다.

회의는 출석자가 적으면 적을수록 좋은 의미에서의 긴장감이 고조되어 의미 있는 회의가 된다. 3~5명 정도라면 진지해질 수밖에 없으며 한마디도 흘려버리지 않고 집중할 수 있다. 반대로 참석 인원이 20명이나 되면 긴장감이 떨어지는 것은 당연한 결과가 아닐까?

회의 비용을 명시하는 방법도 회의 수, 출석자를 최소한으로 줄이는 데 어느 정도의 효과가 있다. 임원별 복리후생비를 포함한 시간당 비용을 간단한 엑셀시트 표로 만들어보자. 회의 출석자인 임원, 사람 수, 회의 시간을 입력하면 그 자리에서 회의에 들어가는 총 비용을 계산할 수 있다. 이것을 소집 통지 때마다 반드시 명시하면 효율적이다.

회의에서의 논의를 신속하고 효과적으로 진행하라

회의에서의 논의를 신속하고 효과적으로 진행하는 힘을 기르면 업무 스피드가 극적으로 빨라지는 동시에 일이 순조롭게 풀려나간다. 기본적인 철학과 진행 방식은 다음과 같다.

- 참석자들에게 차례대로 발언하게 한다.
- 다른 관점을 가진 사람의 발언을 끌어낸다.
- 목소리가 큰 사람이 옳은 것이 아니다. 내용으로 판단한다.
- 무리해서 밀어붙이지 않는다.
- 의견이 충돌하면 일치되는 점을 확인한 이후에 차이점

을 정리한다.

- ■ 논의가 서로 어긋나면 같은 씨름판 위에서 논의할 수 있게 리드한다.

참석자를 차례대로 발언하게 하려면 누가 어떤 문제의식을 가지고 있는지 평소부터 이해하고 있어야 한다. 그러면 누구에게 어떤 스타트를 끊게 해야 할지 어느 정도 큰 그림이 그려진다. 논의가 좀처럼 활기를 띠지 못하면 회의를 이끄는 진행자가 먼저 문제를 제기하여 논의에 불을 붙이도록 한다. 또한 발언별로 내용을 확인하여 자신의 발언이 잘 전달되고 있다는 느낌을 갖게 해 논의가 무르익게 한다.

다른 관점을 가진 사람의 발언을 끌어내려면 발언하길 원하는 내용에 관해 문제를 제기한다. 그 사람의 관점이 다른 사람과 어떻게 다른지 어떤 각도에서 발언해줄지를 생각하고 진행시킨다. 지명하는 것을 싫어하는 사람이 꼭 있기 마련이므로 발언을 권할 때는 사전에 정중하게 의뢰를 해둔다.

목소리의 크기가 아니라 내용으로 판단하기 위해서는 항상 발언 내용 그 자체에 귀를 기울이도록 하자. 어떤 목적으로, 어떤 근거를 토대로 발언하고 있는지를 파악한다. 목소리의 크기에 현혹되지 않도록 자신의 판단 기준을 가지는 것이 중요하다.

무리하게 밀어붙이지 않으려면 의견의 차이가 있을 때 그것을 귀찮게 여기거나 굳이 한 가지 포인트로 좁히려 애쓰지 말아야 한다. 그런 여유 있는 태도가 상위 관점에서 의견의 차이를 조정하는 데 도움이 된다. 의견이 충돌하면 우선 일치점을 확인한다. 격렬하게 맞붙었더라도 잘 들어보면 의외로 상당 부분이 일치하므로 그 점을 하나하나 확인한다. 그렇게 하면 충돌했던 두 사람도 조금 냉정을 되찾고 상대에 대한 경계심을 풀게 된다. 그런 다음에야 비로소 차이점이 무엇인지 확인하도록 한다. 차이점이라고는 해도 근본적으로 흑과 백처럼 좁힐 수 없는 간극이라기보다는 전제조건이 달라 다른 결론이 나온 경우가 대부분이다. 따라서 차이점을 확인할 때는 우선 전제조건을 확인한 후에 주장 그 자체의 차이를 정리해 나간다. 이러한 과정 속에서 사실 두 사람의 생각이 비슷하며 작은 차이로 감정적인 대립이 발생했을 뿐이라는 점을 깨닫게 된다.

논의가 어긋나는 이유는 예컨대 A는 비용 삭감을 이야기하고 B는 신규 고객 유치에 관해 이야기하는 등 이야기의 출발점이 서로 다르기 때문이다. 정말로 하고 싶은 이야기는 하지 않고 상대의 이야기를 물고 늘어지므로 근본적으로 다른 논의를 하고 있다는 사실을 그 자리에서는 잘 모르는 경우도 있다. 순조롭게 논의를 이끌어가려면 발언자가 정말은 무엇을 전달하고자 하는지, 어떤 표현을 써서 이야기하고 있는지, 그 목적은 무엇인지를 계속 주시해야 한다.

이런 노력이 효력을 발휘한다면 자신이 참가하거나 리드하는 회의의 생산성을 몇 배 더 높일 수 있을 것이다.

화이트보드를 이용하면 생산성이 몇 배 더 오른다

회의에서 화이트보드를 활용하면 확실히 스피드를 개선할 수 있다. 서로의 의견을 교환하여 의사결정을 내려야 하는 회의에서 내가 꼭 활용하는 도구가 바로 화이트보드다.

종종 접하곤 하는 회의의 문제점을 꼽는다면 다음과 같다.

- 주제에 따라서는 이야기가 다른 방향으로 흐르기 쉽다. 참석자들마다 하고 싶은 말만 하고 끝나버린다.
- 시간은 걸리지만 실제로는 아무 결정도 내리지 못하고 누가 언제까지 무엇을 해야 하는지도 확실하지 않다. 모든 사항을 결정했다고 생각하지만 꼭 누락되는 부분

이 있다.

■ 논점의 차이를 명확하게 구분하지 못하고 논의가 평행
선을 그리며 언제까지고 계속된다.

한 사람 한 사람의 목적의식이 모두 다르고 대부분 훈련
이 안 되어 있기 때문에 의사결정도 실행 추진형 논의도 불
가능하게 된다.

최근에는 회의실에 화이트보드가 비치된 곳이 많으며 그
것을 사용하는 사람도 많지만 100%를 모두 활용하려면 다
음과 같은 어려움이 있다.

■ 화이트보드에 쓰려 해도 발언자의 내용을 이해하지 못
한다(실제로 무엇을 말하고 싶은지 모르는 경우가 많다).

■ 화이트보드 앞에 서면 무엇을 어떻게 진행해야 좋을지
알 수 없게 된다.

■ 논의가 확산되어 정리하려 해도 참석자들이 따라주지
않는다. 각자 하고 싶은 말만 한다.

여러 명이 합의하여 화이트보드에 적당히 쓰거나 지우는

일은 비교적 흔한 일이다. 하지만 일정한 체계 없이 사람마다 제각각으로 쓰니 좀처럼 읽기가 쉽지 않다. 정리하여 쓰려는 생각이 없기 때문에 화이트보드 앞에 서 있기는 하지만 발언하면서 2, 3개의 키워드를 쓰거나 휘갈겨 만화를 그리는 정도다. 나중에 보면 논의의 과정을 알 수 없다. 또한 논의에 참가한 사람이 최종적으로 남은 내용을 보아도 무엇을 의논하고 무엇을 결정했는지 전혀 짐작할 수 없다.

화이트보드는 회의를 효율화하는 데 좀 더 파워풀한 도구다. 잘 활용하면 활발한 발언이 이어지고 과제가 정리되어 순조롭게 내용 합의에 도달할 수 있다. 게다가 회의를 마칠 때쯤 의사록이 자동으로 완성되어 누가 무엇을 말하고, 말하지 않았는지 등 애매함을 남기지 않는다. 따라서 화이트보드의 활용도를 높이려면 다음 내용이 열쇠가 된다.

회의를 이끌어가는 사람이 화이트보드에 적는다

화이트보드를 서기에게 맡기는 모습을 이따금 볼 수 있는데 되도록 회의를 주재하는 리더가 직접 쓰도록 하자. 화이트보드는 회의 진행을 리드하기 위한 가장 효과적인 무기이므로 다른 사람에게 맡기지 말고 논의를 리드하면서 직접 쓴다. 복잡한 논의라도 화이트보드에 회의 참석자 전원의 의식을 집중시키고 발언을 확인하면서 과제를 정리하고 모두의 의견이 다 나오면 실행에 대해 합의가 이루어지도록 진행시킨다. 이렇게 하면 참석자의 의견을 충분히 흡수하면서 언제까지 누가 무엇을 실시한다는 명확한 합의를 형성할 수 있다.

억지로 정리하려 하지 말고 발언을 그대로 기록해나간다

회의 리더는 참석자의 발언을 굳이 정리하려 하지 말고 발언을 그대로 기록해나간다. 화이트보드를 이용한 많은 회의를 보아왔지만 대부분 참석자가 발언을 마치고 나면 짧은 키워드로 요약해서 적는다. 이렇게 하면 발언 내용의 극히 일부를 단편적으로 취하는 데 지나지 않는다.

　이와는 반대로 가능한 한 발언자의 말을 그대로 적는다. 이를 위해서는 빨리 쓸 필요가 있는데 앞에서 소개한 '메모 쓰기'를 실천하며 1분 내에 메모를 마치는 연습을 한다면 큰 어려움 없이 할 수 있다.

물론, 구어체는 문어체로 고쳐야 한다. 발언 내용이 꽤 정확히 화이트보드에 기록되므로 논의의 진행이 참석자 전원에게 확실히 전달되어 같은 논점을 반복해서 말하는 사람, 발언을 문제 삼는 사람이 거의 없어진다. 만일 반복하는 사람이 있을 때는 화이트보드의 해당 부분을 가리켜 주의를 환기시키면 그 자리에서 바로 이해한다.

'발언 내용을 있는 그대로 적는 방법'은 상당히 독특하지만, 회의의 스피드 향상에도 효과적이고 논의에도 매우 효과적이므로 반드시 시도해보길 바란다.

처음에는 들으면서 쓰는 것이 쉽지 않다. 하지만 사람들이 계속해서 발언하기 때문에 오히려 모두 듣고 나서 요점을 적는 편이 내용을 기억해야 하는 탓에 더 어렵다는 사실을 깨닫게 될 것이다.

내가 추천하는 방법으로 하면, 들으면서 계속 정리해서 쓰고 발언자도 그것을 볼 수 있으므로 발언 자체가 상당히 간결해진다. 다른 사람들이 자신의 발언을 잘 들어주고 있다는 생각이 들면 '제대로 전달이 안 되고 있다는 생각'에 마구 발언을 쏟아내는 일이 신기할 정도로 현격하게 줄어든다.

이해가 안 될 때는 솔직하게 다시 묻는다

발언 내용에 따라서는 의미가 불분명하거나 알아들을 수 없을 때도 있다. 그런 경우에는 솔직하게 다시 물으면 된다. 진지한 자세로 화이트보드에 기록하고자 하는 의도가 명백하므로 모두 성의를 가지고 이해하기 쉽게 설명해준다.

취지를 헤아려 보완해서 쓴다

사실 여기에는 큰 비밀 한 가지가 있다. 나는 가능한 한 발언을 그대로 적으면서도 상대가 말하고자 하는 내용을 유추하여 좀 더 이해하기 쉽게 기록한다. 자신이 생각한 대로 의견을 막힘없이 제시할 수 있는 사람은 극히 소수로, 대부분은 했던 말을 반복하거나 단어의 선택이 부적절하거나 의도와는 달리 조금 벗어난 내용을 말하기도 한다.

그때는 이야기를 들으면서 발언자가 말하고자 하는 요점이 무엇인지 파악하여 이해하기 쉽게 기록하기도 한다. 발언자의 내용을 왜곡하는 것이 아니라 발언하고자 하는 의도를 분명하게 파악하여 그것을 조금 편집하여 알기 쉽게 써 주는 것이다.

이렇게 하면 발언자는 말하고 싶은 내용(실제로는 70% 정도밖에 말하지 못한 것)이 화이트보드에 잘 반영되고 있으므로 상당히 만족스러워한다.

발언자에 따라서는 머릿속에 떠오르는 내용을 전달하고 싶어 하지만 적절한 단어가 떠오르지 않아 힘들어 하는 경우가 있다. 그럴 때 나는 '이런 것입니까?'라고 확인하고 화이트보드에 써줌으로써 회의 참석자 모두에게 의견을 알기 쉽게 전달하여 논의를 이끌어가곤 한다. 요컨대 화이트보드에 단순히 발언 내용을 쓰는 것에 그치지 않고, 완성도 있게 정리하고 보완하여 기록함으로써 발언 내용을 확인해 주는 것이다.

적은 내용을 가리켜 확인한다

발언을 적었다면 그 내용을 가리켜 '이런 내용입니까? 이대로 괜찮습니까?'라고 본인에게 확인한다. 익숙해지면 잘

못 적는 일이 거의 없어지고, 발언의 취지를 헤아려 보완해
줄 수 있어 발언자는 '바로 그것을 말하고 싶었다'는 식으로
고개를 끄덕여준다. 발언자뿐 아니라 참석자 전체의 이해가
깊어져 논의에 대한 집중도도 향상된다.

과제와 액션을 정리한다

회의는 참석자의 발언에만 맡겨두면 걷잡을 수 없이 점점
더 넓게 가지를 뻗게 된다. 자연스럽게 과제가 정리되기 힘
들고 실행에 대한 합의에 이르는 경우도 매우 드물다. 있다
고 해도 몇 시간에 걸친 논의 끝에 모두가 지쳐 어떻게든
회의를 끝내기 위해 비로소 합의에 이르는 정도다.

때문에 회의 진행자가 의식적으로 우선 과제와 문제 인
식에 대한 발언을 촉구하고 그것이 다 나온 시점에 "그럼
과제는 이 정도로 정리하고 실행에 대해 논의하도록 합시
다" 하며 논의를 이끌어갈 필요가 있다.

논점에서 벗어나면 즉시
일치되는 점과 차이점을 그림으로 제시한다

발언자 사이에 의견이 충돌하는 경우가 있다. 그때는 우선 양자의 일치되는 부분을 확인하고 난 후에 차이점을 확인한다. 대부분 언쟁하는 사람들 사이에는 사실 일치되는 부분이 더 많은데 극히 일부에 지나지 않는 차이점에 대해 지나치게 반응하는 광경을 볼 수 있다.

이것은 그 자리에서 화이트보드의 오른쪽 아래 부분에

화이트보드를 활용한 의견 정리 예시

	최성호의 의견	이상철의 의견
개최 그 자체에 대해	찬성	찬성
대상자에 대해	사회인	사회인+학생
주요 상연물	자선단체 이벤트	자선단체 이벤트
소요 비용	약 1000만 원을 상한으로	가능한 한 소액으로
협찬	최소 5개사는 확보	만일 확보할 수 있다면

표를 그려 정리한다. 가로에 두 사람의 이름을 적고 세로는 논의의 관점이 무엇인지 그 항목을 적는다. 처음에는 일치되는 지점을, 그 뒤에 차이점을 적으면 한눈에 알 수 있다.

사진을 찍어 의사록으로 활용한다

지금까지 소개한 내용을 실천했다면 회의를 마친 뒤에는 의사록이 이미 완성되어 있을 것이다. 스마트폰 카메라로 촬영하고 그 사진을 참석자에게 배포하면 된다.

한편 회의 시간, 발언자의 수에 따라서는 화이트보드의 공간이 부족하지 않을까 하고 걱정할 수 있지만 하나의 화이트보드에 모두 담을 수 있도록 처음부터 고려하면서 쓰면 대개의 경우 크게 문제되지 않는다(단, 화이트보드의 크기는 1.8m 폭이 바람직하다). 장시간에 걸쳐 많은 사람이 출석하는 회의는 비생산적이어서 권장할 수 없음은 앞에서 설명한 바와 같다.

화이트보드 마커도 신경 쓴다

화이트보드를 잘 활용하려면 화이트보드 마커에도 신경을 써야 한다. 나는 '파일럿 화이트보드 마커(잉크 카트리지식)' 중간 굵기(선폭 1.2㎜)를 애용한다. 사무실에는 검정색 2개, 빨강색 2개, 파랑색 1개와 5개 이상의 보충 카트리지를 겸비하고 있다. 굵기가 대중소로 나뉘는데 중간 사이즈를 추천한다. 굵은 마커는 작은 글씨를 쓸 수 없으며 가는 마커는 시인성이 조금 떨어진다.

이 마커의 가장 큰 특징은 카트리지 방식이라는 것이다. 잉크가 다할 때까지 완전히 사용하고 다 닳으면 카트리지를 교환하면 된다. 게다가 카트리지는 한 번에 구입하면 1개당 약 600원 정도이므로 압도적으로 싸다.

화이트보드 마커는 잉크가 점점 줄면서 색이 옅어져 잘 보이지 않게 되는 것이 보통이다. 게다가 잉크가 잘 나오지 않으면 두세 번 겹쳐 써야 하는 등 빠르게 적을 수가 없다. 사진을 찍어도 잘 찍히지 않는다. 색이 옅어지고 거의 보이지 않는 화이트보드 마커를 아무렇지 않게 사용하는 사람이 많다는 사실에 놀라곤 하는데 이 경우 무슨 글자를 적었는지 읽기가 매우 힘들다. 나는 그런 화이트보드 마커를 발견하면 그때그때 버리곤 한다.

화이트보드의 사용 방법에 따라 회의의 생산성은 몇 배나 차이가 난다. 나에게는 그 자리를 원활하게 진행하는 데 매우 중요한 도구다. 지원하고 있는 기업 등에도 권유하여 갖추어 놓을 수 있도록 하고 있다.

이메일은
바로 답장을 보낸다

이메일은 쌓일수록 악순환을 불러오므로 쌓이지 않게 바로 바로 답장하는 것이 바람직하다. 나의 경우, 물론 회의 중일 때는 체크할 수 없지만 자기 자리로 돌아온 후, 혹은 외부에서 회의가 끝나고 이동할 때 하루에 총 20~30번은 이메일을 체크하고 답장을 보낸다. 쉽지는 않지만 쌓이면 더 큰 일이 되므로 반드시 처리하려 노력하고 있다.

　이메일에 바로 답장을 보내면 업무 스피드가 상당히 빨라진다. 바로 답장을 하면 그 답장과 질문에 대한 답장도 바로 돌아오므로 아주 짧은 시간 안에 필요한 내용을 정리할 수 있다. 또한 상대는 빠른 답장에 놀라는 한편 이쪽이 얼마나 열심인지, 성의를 다하고 있는지 알아주는 경우도 많다.

이메일을 받고 능숙하게 바로 답장을 보내려면 마음가짐 이외에도 다음과 같은 점을 신경 써야 한다.

- 이메일 클라이언트(e-mail client)의 선정.
- 폴더 분류.
- 우선순위를 매기지 않는다.
- 메일을 쓰는 속도를 올린다.
- 어려운 내용의 메일은 다음 날 아침까지 그대로 둔다.

나의 경우 이메일 클라이언트는 선더버드(Thunderbird)를 사용하고 있다. 예전에는 아웃룩 익스프레스를 사용했지만 수신 트레이가 자주 깨지는 탓에 꽤 오래전에 교체했다. 이메일 클라이언트는 자신이 선호하는 것으로 결정하면 아무 문제가 없는데 뒤에 설명했듯이 개별 메일의 파일을 폴더로 저장할 수 있는 것이 좋다.

수신 트레이를 폴더로 분류하는 사람을 자주 보게 되는데 나는 이 방법을 사용하지 않는다. 폴더를 일일이 보아야 하므로 시간이 걸리고 체크 자체를 잊어 중요한 메일에 답장이 늦을 수도 있기 때문이다.

이메일에 우선순위를 매겨 답장을 보내는 사람도 있지만 나는 특별히 그렇게 하지는 않는다. 순차적으로 답장하는 편이 누락도 없고 결과적으로 빠르기 때문이다.

답장을 쓰는 데 꽤 시간이 소요되는 사람이 많은데 이것은 연습과 실천을 축적하여 철저하게 스피드를 개선할 필요가 있다. 타이틀대로 '이메일 관리에 성공하는 사람이 시간 관리에 성공'할 수 있기 때문이다. 특히 '메모 쓰기'를 1000페이지(수개월) 이상 실천하면 이메일의 답장 속도가 상당히 빨라진다. 상대방이 요구하는 포인트를 빠르게 파악하고 어떻게 답장해야 할지 내용이 순간적으로 떠오르기 때문이다.

답장 내용은 간단한 것이라면 바로 발신하면 되지만 어려운 내용이라면 일단 다음 날 아침까지 그대로 두거나 10~15분 정도 있다가 다시 읽은 후 답장하는 것이 좋다. 그렇게 하지 않으면 '아차!'하고 후회하게 된다. 어려운 내용의 이메일을 쓰려면 시간이 걸리는 사람이 많은데 경험을 쌓고 '메모 쓰기'를 실천하면 점차 익숙해져 거의 바로바로 쓸 수 있게 될 것이다.

전하기 어려운 내용이라도
빠르게 작성하는 방법

단순한 사무연락용 이메일은 간단히 쓸 수 있을 것이다. 좀 더 복잡하고 전하기 어려운 내용의 이메일을 얼마나 빨리 쓸 수 있는가 하는 점이 업무 속도를 올리는 데 매우 중요하다.

보통 이메일을 쓰는 데 5분 정도 걸린다면 잘 안 풀리는 이메일은 30분, 여기에서 고민하기 시작하면 1시간 정도 이메일과 씨름하는 경우가 있을 것이다. 어려운 의뢰를 할 때, 상대가 원하지 않는 요구를 전달할 때 아무래도 고민하게 되고 오랜 시간이 걸리는 경우가 많다. 이런 경우 전달해야 할 내용은 비교적 명확함에도 불구하고 꺼려지는 내용을 전달하고 싶지 않은 생각 때문에 시간이 걸리는 것이라 생각한다.

복잡한 마음으로 쓴 글이 효과적으로 전달될 리가 없다. 오히려 전달하려는 내용이 명료하게 전달되지 않아 상황을 더욱 악화시키는 경우도 종종 발생한다. 따라서 부정적인 내용이라도 걱정하지 말고 주저 없이 전달하는 데 익숙해질 필요가 있다. 정확히 전달하지 않으면 상황이 더욱 악화될 수 있기 때문이다.

이것이 잘 안 되는 사람은 '사람이 좋아서'라거나 '착해서'가 아니다. 단순히 '중요한 일을 냉정하고 침착하게 전달하지 못하는 것'뿐이다. 착한 사람 코스프레를 하며 좋은 얼굴만 보여주고 싶은 것이다. 그런 마음으로는 일을 할 수가 없다. 말해야 할 것은 말하고 전달해야 할 것은 주저 말고 전달해야 한다.

업무 처리 속도의 개선을 원하는 사람은 전달하기 어려운 내용이라도 빠르고 솔직하게 쓴다. 반드시 쓰겠다고 마음을 먹고 지키도록 한다.

처음에는 가슴이 마구 방망이질을 하겠지만 그렇게 한 번 결정하고 시작만 하면 단 몇 번 만에 익숙해질 것이다.

두려워했던 마음이 거짓말처럼 사라질 것이다. 물론 처음에는 작성한 문장을 신뢰할 수 있는 사람에게 보이고 단어 선택은 적절한지, 설명이 충분한지, 상대의 감정을 불필요하게 상하게 하지는 않았는지 확인하고 나서 발송한다. 이것도 몇 번 반복하면 수준이 빠르게 향상된다. 이메일을 능숙하게 처리하는 사람은 업무 처리 능력도 뛰어나므로 그 사람의 업무 방식을 배울 수 있는 좋은 기회가 되기도 하다.

전달해야 할 내용을 도저히 직접적으로 쓸 수 없는 사람은 이렇게 생각하면 어떨까? 상대의 기분을 염려한 나머지 내용을 정확하게 전달하지 못해 상대가 더 나쁜 상황에 처한다면? 실제로 상대가 곤란해지고 피해가 더욱 커질 수 있다. 상대에게 문제가 있는 경우든 이쪽에 문제가 있는 경우든 피해를 최소화하려면 나쁜 뉴스일수록 빨리 공유해야 한다. 이렇게 생각해 버릇하면 전달해야 할 내용은 단어를 신중하게 선별하면서도 단호하게 전달할 수 있게 된다. 이것이 예의이며 일을 빨리 진행하기 위한 지혜이다.

단, 자신의 잘못을 사과해야 할 경우라면 가능한 한 만나서 사과하도록 하자. 만날 수 없는 경우는 어쩔 수 없이 이메일로 사과해야 하지만, 그때는 진지한 자세로 두 번 다시

그 같은 일이 생기지 않게 예방할 것을 성의를 다해 전달해
야 한다. 사과는 특히 내키지 않는다고 꺼려할 일이 아니다.

복잡하게 얽힌 일은 직접 이야기한다

모든 상황이 이메일로 해결되지는 않는다. 이메일보다 직접 이야기하는 쪽이 효과적이고 빠른 경우가 있기 때문이다. 예컨대 다음과 같은 경우가 그렇다.

- 전후 사정과 배경이 복잡하게 얽혀 있어 메일로 쓰면 문장이 지나치게 길어질 수 있을 때.
- 이메일로 전달하면 오해가 생길 가능성이 클 때.
- 이메일로 충분할 것으로 생각하고 시작했다가 잘못 접근하여 상대가 조금 감정적이 되었을 때.
- 상대에게 무언가를 의뢰할 경우.

■ 직접 이야기하면 문제가 없는데 이메일로 전달했을 때 화를 낼 가능성이 높은 사람의 경우.

첫 번째 경우, 상당히 긴 내용의 이메일을 쓰지 않으면 전후 사정과 배경을 잘 전달할 수 없다. 10분 안에 쓰는 것은 무리로, 1시간 정도는 가볍게 넘어간다. 그 자체가 매우 힘들뿐더러 읽는 쪽도 시간만 걸린다. 또 이메일이므로 도중에 간단한 질문조차 하지 못한다. 이런 경우에는 만나서 직접 이야기하고 그 뒤에 이메일로 참고자료를 보내면 된다.

두 번째는 문장이 꼭 길어지는 것은 아니지만 어떻게 설명해도 오해가 생길 가능성이 높다고 생각되는 경우다. 이것은 설명해야 할 내용 자체가 조금 미묘하거나 상대의 입장이 불투명하여 질문에 답하면서 순서대로 설명하지 않으면 이야기가 어긋나버릴 수 있는 경우다. 이때는 무턱대고 이메일에 의존하지 말고 처음부터 대화로 푸는 쪽이 몇 배나 더 빠르게 업무를 진행시킬 수 있다.

세 번째는 특별한 문제도 없어 이메일을 보냈는데 왠지 모르게 상대가 감정적이 되어버리는 경우다. 여기서 이메일로 반론하거나 설명을 잘못하면 폭언이 오가게 되어 상황이 더욱 악화될 수 있다. 그때는 서둘러 이메일 교환을 중단하고 직접 이야기를 해야 한다. 만날 수 있다면 만나서 이야기하고 그렇지 않으면 화상 통화로라도 얼굴을 보며 이야기하도록 한다. 그렇게 하면 상황 악화를 막을 수 있다.

네 번째의 경우, 자료를 받길 원하거나 회의 참석을 원하는 등 간단한 의뢰는 이메일로도 충분하지만 좀 더 부탁의 수준이 높을 때는 이메일보다는 직접 만나서 하는 편이 훨씬 빠르다. 성의 없이 이메일로 의뢰했다고 심통을 부리는 상대도 종종 있으므로 망설여질 때는 직접 만나서 의뢰하는 편이 훨씬 바람직하다.

다섯 번째는 판단하기가 꽤 어렵고 간단하지 않은 문제다. 이메일로는 왠지 인격이 변하는 경우인데 몇십 명 중에 한 명 정도 이런 사람이 있다. 이야기를 할 때는 크게 문제될 것이 없고 함께 회식도 하는 사이인데 이메일만 보내면 다른 사람처럼 행동하거나 묘하게 공격적이 되는가 하면 말꼬리를 잡는 사람이 있다. 미디어에 익명으로 글을 쓸 때 마치 전혀 다른 인격이 되어 투고하는 사람도 마찬가지일지 모르겠다. 이런 사람들은 직접 얼굴을 마주하고 이야기하는 것이 가장 좋은 방법이다.

200~300개의
단어를 등록한다

이메일과 서류작성 속도를 크게 끌어올리려면 단어 등록이 열쇠다. 10개, 20개 수준의 단어가 아니라 200~300개 정도의 단어를 입력하면 놀라울 정도로 빨라지며 매우 기분 좋게 일을 진행할 수 있다.

　단어 등록은 누구나 한번은 생각하고 시도했을 것이라 생각되지만, 핵심은 많은 수의 단어를 등록한 후에 어떻게 빨리 찾고 사용하는가에 달렸다. 그 방법을 다양하게 궁리한 결과 다음과 같은 방법으로 정리할 수 있었다. 자신이 선호하는 방법으로 계속 고민하길 바라며 규칙화가 자리 잡히면 망설이지 않고 등록하여 사용할 수 있게 된다.

■ 자주 사용하는 특별한 단어는 처음 한 글자로 등록한
다. 60여 종류의 등록이 가능하다.

예1) 홍 → 홍길동

예2) 파 → 파워포인트

예3) 지 → 지메일 닷컴(@gmail.com)

■ 통상적인 단어는 앞의 두 글자로 등록한다.

예4) 안녕 → 안녕하세요

예5) 부탁 → 부탁드립니다

예6) 새해 → 새해 복 많이 받으세요

예7) 09 → 자신의 휴대전화번호

예8) 주소 → 회사에 대한 엑세스 URL

■ 처음 두 글자로 구별할 수 없는 경우는 첫 글자＋셋째
글자로 등록한다.

예9) 회일 → 회의 일정을 확인하시기 바랍니다(회의만으로는
구별을 할 수 없으므로).

■ 첫 글자＋셋째 글자로 구별할 수 없는 경우는 처음 세

글자로 등록한다.

예10) 오늘도→오늘도 좋은 하루되십시오('오도'로는 구별을 할
수 없으므로)

■ 네 글자로 된 단어일 경우, 첫 번째, 세 번째 글자의 음.

예11) '경회' → 경영회의

■ 두 명에게 자주 보낼 경우는 첫째 사람의 첫 두 글자+
둘째 사람의 첫 글자(이 방법을 쓰면 중복되는 경우는 거의 없다).

예12) 손영김 → 손영호, 김갑수

예13) 박수권 → 박수철, 권민혁

■ 앞의 기준에 준하여 요일은 첫 글자+'괄'(괄호의 괄).

예14) '일괄' → (일)

예15) '월괄' → (월)

■ 자주 사용하는 메일 주소는 그 사람 이름의 첫 두 글자
+'어(address의 약자)'로 등록한다.

예16) 아카어 → akaba@b-t-partners.com

- 메일링 리스트는 상대 회사명 및 프로젝트명 첫 글자 + '어'로 등록한다.

예17) 스어 → SABCproject@○○.com

이름이 어려운 사람, 사전에 없는 명사 중에 다시 사용할 것으로 예상되는 단어는 바로 등록한다.

나는 처음에 문자 그대로 단어만 등록했었는데 도중에 문장을 넣을 수 있다는 사실을 깨달았다. 그렇게 하면 정말로 간단하다. 이 방법을 활용하고 나서 이메일과 서류 작성의 속도가 크게 개선되어 특별히 어려움을 겪는 일이 없어졌다. 적은 수의 키로도 모든 글을 일사천리로 쓸 수 있어 기분이 좋으며 속도가 빨라짐은 물론 글쓰기가 즐거워진다.

이메일은 카테고리별, 날짜순으로 일괄 저장

나는 지원 기업, 테마별로 다수의 폴더를 만들어 주고받은 메일, 파워포인트 파일, PDF 파일, 동영상, URL의 단축키를 일괄적으로 저장하고 있다. 폴더는 컴퓨터에서 찾기 쉽게 잘 분류해둔다.

미팅 일정 등 극히 사무적인 메일 외에는 날짜를 입력해 저장한다. 이렇게 하면 나중에 중요한 내용을 모두 몇 초 안에 찾을 수 있다. 언제 어떤 일이 있었는지를 나중에 확인해야 할 경우가 많으며 과거의 이메일을 토대로 다음 액션을 결정하는 경우도 자주 생긴다. 단 몇 초면 한 통의 이메일을 저장할 수 있으므로 조금 귀찮더라도 지난 10년간 철저히 실천하고 있다.

폴더에는 이메일과 함께 그때 주고받은 파워포인트 파일, PDF 파일, 동영상, URL 등도 모두 날짜를 입력해 저장한다. 파일에 일괄 저장하는 이유는 과거의 모든 이력을 단 몇 초 만에 바로바로 확인할 수 있기 때문이다.

단, 메일별로 폴더에 저장하는 방법은 지메일 등의 웹 메일에서는 사용할 수 없다. 검색 기능으로 보면 스피드와 정확성에서 비교적 우수하지만 메일의 폴더 저장이 불가능한 점, 또 일일이 인터넷 접속이 필요한 점은 불편하다. 지메일을 주로 사용하는 사람은 이메일 폴더를 저장할 수 없으므로 다른 방법을 찾도록 하자. 나라면 다른 파일만이라도 일괄 저장할 것이다.

메일을 저장하는 방법

이메일은 다음과 같이 저장하고 있다.

- 선더버드의 받은 편지함, 보낸 편지함에 있는 해당 메

일을 데스크톱으로 이동한다. 그러면 선더버드 문서가
생성된다.

- F2 키를 누르면 그 이메일의 파일명을 변경할 수 있다.
- 커서를 가장 먼저 이동시켜 언어 입력모드를 확인하고
'h' + 스페이스바(단어를 등록하고 'h'로 날짜가 나오게 한다).
- 이렇게 하면 '14-12-01 인터뷰 결과 보고' 등의 파일
명으로 생성된다.
- 대부분은 누구에게서 온 메일인지, 누구에게 보낸 메
일인지도 기입한다.
예) 14-12-01(최성호) 인터뷰 결과 보고
예) 14-12-01(손성일) 인터뷰 결과 보고에 대한 피드백
- 그 후, 해당 폴더로 이동한다.

날짜는 반드시 파일명의 맨 앞에

날짜는 바로 알아볼 수 있게 '15-04-01'의 형태로 입력한
다. 이것은 다양하게 시도한 결과 한눈에 알아보기 좋고 글
자 수가 비교적 적은 것을 고려한 결과물이다. '2015-04-

01'보다 간단하고 '150401'보다 훨씬 보기 편하다. 이것은 선호의 문제가 있긴 하지만 나는 팀에 그 이유를 설명하고 가능한 한 이 표기 방법으로 통일하도록 하고 있다.

날짜는 매일 오전 0시가 지나면 하나씩 증가한다. 예컨대, 2015년 4월 2일이 된 직후에 파일명을 기입할 때 'h' 변환으로 '15-04-01'이 나오면 '1'을 삭제하고 '2'를 입력하면 '15-04-02'가 된다. 2, 3초 만에 날짜 변경을 마칠 수 있다.

날짜를 파일명의 앞에 붙이지 않고 마지막에 붙이는 사람이 꽤 많은데 앞에 붙이는 편이 훨씬 좋다. 왜냐하면 날짜 순으로 정리하는 편이 훨씬 찾기 쉽기 때문이다. 이메일의 타이틀은 천차만별이고, 주고받은 방대한 양의 메일, 그 파일의 타이틀을 기억하는 것은 불가능하다. 그렇게 되면 찾을 방법이 없으며 입력 방법도 매우 복잡해진다.

이메일도
재사용 폴더에 저장한다

이메일을 보낸 후 의뢰, 고지, 설명 등을 위해 재사용이 예상되는 메일은 '재사용 폴더'에 저장해둔다. 이것은 지원 기업, 테마별로 만든 다수의 폴더와는 별개의 것이다.

예컨대 '설명 방법의 개선'이라는 타이틀의 이메일을 2015년 2월 4일에 강○○에게 보낸 경우, 다음과 같이 '재사용 폴더'에 저장한다.

15-02-04 설명 방법의 개선

누구에게 보냈는지 명시해두고 싶을 때는 다음과 같이

저장한다.

15-02-04(강○○) 설명 방법의 개선

'h' 변환으로 날짜를 변경해 등록하고 있기 때문에 크게 수고스럽지는 않다.

이렇게 재사용할 수 있는 이메일은 모두 하나의 폴더에 날짜순으로 저장되어 있기 때문에 바로 찾아 그 자리에서 재사용할 수 있다. 며칠 혹은 몇 개월 만에 재사용하는 경우에는 가필 수정하여 다시 재사용 폴더에 보관한다. 결과적으로 내용도 점점 세련되게 발전해 더 좋은 이메일이 된다.

재사용할 경우에 주의할 점이 있다. 재사용이라고는 해도 새롭게 보내는 시점에 상대의 특수성을 고려하여 '혹시' 하는 생각으로 문장을 모두 재검토한다. 그렇다 해도 시간은 많이 소요되지 않는다. 완전한 무에서 작성하는 것에 비하면 10~20% 정도의 시간이면 끝난다. 고치고 다듬는 과정에서 분명 내용이 나아진다. 일단 검토한 후에는 다른 사람에게 그대로 보낼 경우에도 놀랄 정도로 작성을 빨리 끝마칠 수 있다.

동일한 발상으로 나는 보관하고 싶은 웹사이트, 블로그 등도 URL의 단축키를 만들어 테마별 폴더에 넣어둔다. 파워포인트, 워드, 엑셀 등의 파일도 재사용 가능한 것은 모두 함께 저장해두는 것이 좋다. 일괄 정리할 수 있으므로 개인 문서 관리 시스템 에버노트보다 훨씬 간단하다.

메일링 리스트,
SNS의 기능을 적절히 활용한다

메일링 리스트나
토론 그룹(discussion group)을 활용한다

복수의 팀이나 프로젝트에 참가하고 있는 사람들도 적지 않을 것이다. 여러분은 참가 멤버를 모두 넣은 팀 또는 프로젝트별 메일링 리스트나 토론 그룹을 바로 설정할 수 있는가?

메일링 리스트나 토론 그룹을 이용하면 멤버들 사이에 원활한 의사소통이 가능해진다. 팀 또는 프로젝트의 목적과 진행 과정, 진행 방식의 포인트 등을 공유하여 별다른 이탈 없이 진행하게 된다. 일부 멤버만이 정보를 공유하여 도

중에 말을 번복하거나 듣지 못했다는 문제가 발생하지 않기 때문에 일이 빠르게 진행된다.

누구에게 전해야 할지 고민하거나 메일 주소 쓰는 것을 잊는 일도 없어진다. 한두 명의 메일 주소를 깜빡하고 저장하지 않는 일을 별 뜻 없이 생각할 수 있는데 사람에 따라서는 신경을 쓰므로 그런 문제를 사전에 막을 수 있다. 학생이나 20대의 팀, 프로젝트의 경우는 대개 발족할 때 메일링 리스트나 토론 그룹이 설정되어 있어 매우 자연스럽게 커뮤니케이션이 이루어지지만 30대 이후인 경우에는 그렇게 익숙하지 않을 수 있다.

메일링 리스트나 페이스북 그룹, 라인 중 어떤 것으로 할지는 어느 정도 선호에 따라 결정하면 된다. 단, 나는 파일, 관련 기사 등등의 일괄 관리, 저장의 편리성, 검색 속도, 나아가 불안정한 네트워크 하에서 쉽게 사용할 수 있다는 점에서 메일링 리스트를 주로 이용하면서 페이스북 그룹은 보조적으로 사용하는 편이 생산성이 높다고 생각한다. 페이스북 그룹은 인터넷 접속이 불안정할 때는 사용이 어렵거나 재전송을 요구하여 스트레스를 받기 때문이다.

라인의 경우, 이제 라인 없이는 살아갈 수 없을 것 같다는 사람이 급격히 증가하고 있다. 라인의 문제라면 커뮤니케이션이 지나치게 활발한 나머지 일에 집중을 할 수 없다는 점이다. '커뮤니케이션이 활발'한 것은 물론 좋은 일이지만 업무에 있어 한 번 오가고 끝내야 할 일도 여러 번 왕복이 이루어지거나 여러 명이 얽히는 등 집중을 방해하는 일도 많다. 알림음을 무음으로 해놓아도 실제로 메시지가 오가고 있기 때문에 무시할 수 없어 이것은 이것대로 집중을 방해한다. 또한 과거의 게시 내용이나 주고받은 내용을 찾는 것이 꽤 어렵다. 비즈니스에서도 사용하기 쉬운 라인의 진화판이 나오길 마음속 깊이 기대하고 있다.

커뮤니티 형성에는 페이스북 그룹이 편리

페이스북 그룹은 페이스북 유저 사이에 토론 그룹을 만들어 대화를 주고받을 수 있는 시스템을 말한다. 페이스북을 잘 다루지 못하는 사람, 꺼려하는 사람이라도 페이스북 그룹을 이용해보면 편리함을 바로 알 수 있을 것이다.

그룹에 참가 신청을 하면 관리인이 승인하거나 초대한다.

페이스북 그룹 자체는 비밀 그룹, 비공개 그룹, 공개 그룹 등을 자신이 선택할 수 있다. 토픽과 참가자의 정보를 어디까지 공개해할 것인지로 기준을 정하면 된다.

결점은 스레드(thread, 인터넷상에서 토론 그룹의 멤버들이 올린 메시지에 대한 일련의 답변)를 생성할 수 없다는 것이다. 또 토픽으로 찾거나 검색하는 것이 거의 불가능하다. 단, 페이스북 그룹을 만들고 나서의 이력이 모두 남고 뒤에 참가한 사람도 한눈에 알 수 있으므로 나름대로 잘 사용하면 가치가 있다고 생각한다.

페이스북 페이지는 기업의 공식 사이트로 활용

페이스북 페이지는 커뮤니케이션상으로는 실질적으로 페이스북 그룹에 꽤 가깝지만 형식적으로는 참가 신청 없이 '좋아요!'를 누르고 팬이 되어 참가한다. 비공개 설정도 없다. 페이지의 원래 취지는 기업을 알리고 고객과 교류할 수 있는 장의 역할이다. 단, 글을 게시해도 팬의 타임라인에 표시되는 경우는 극히 일부이므로 좀 더 확실한 커뮤니케이션을 원하는 경우는 페이스북 그룹을 이용하는 것이 좋다.

페이스북 메신저, 업무에는 다소 불편

최근 페이스북 메신저를 사용하는 사람이 확실히 증가하고 있다. 유저가 10억 명 이상이 되어도 속도에 전혀 변화가 없다는 점에서 페이스북이 매우 훌륭하다고 생각하지만 파일을 첨부하는 데에는 다소 불편함이 있다. 인터넷 환경이 불안정한 곳에서는 속도가 느려져 시간이 걸리거나 기능을 못하기도 하므로 나는 파일을 첨부하지 않을 때만 페이스북 메신저를 즐겨 사용하고 있다.

차분히 이야기를 들으면
오히려 일은 빠르게 진행된다

다른 사람의 이야기를 차분히 듣기만 해도 일은 빠르게 진행된다. 단, 차분히 듣는 것은 결코 간단하지가 않다. 그것에는 몇 가지의 이유가 있다.

- 차분히 들으면 '지는 것'이라고 생각한다.
- 항상 초조하기 때문에 차분하게 듣는 것 자체가 고통이다.
- 도중에 지나칠 정도로 끼어들고 싶어진다.
- 정신을 차리고 보면 자신이 연설모드로 되어 있다.

가만히 듣고 있는 것이 지는 것이라고 생각하는 사람은 일이나 사람과의 관계를 '승부'로밖에 여기지 않는 나쁜 버릇이 있기 때문이다. 열등감이 있어서일까, 혹은 지나치게 자신감이 없어서일까 안정적으로 대처하지 못한다. 그 초조함과 대결 자세가 온몸에서 배어나오기 때문에 상대도 전투모드가 된다. '누가 가르쳐줄 줄 알아' '좀 더 조사하고 와!'라는 식의 마음을 먹게 된다.

항상 초조해하는 사람은 특별히 승부 의식이 있는 것도 아니면서 어쨌든 안정을 찾지 못한다. 일단 가만히 들으면 되는데 그것을 못하는 것이다. 결국 미팅의 생산성을 떨어뜨리게 된다.

도중에 끼어들기를 참지 못하는 사람은 상대의 실수나 약점을 파고들어 우위에 서고 싶기 때문이다. 자신에게 자신감이 없으니 선제공격을 함으로써 자신이 우월하다는 것을 보여주지 않고는 견디지 못한다. 오히려 차분히 이야기를 들어주어 아군으로 만들어야 할 상대에게 자신이 위에 있음을 보이지 않고서는 참을 수가 없는 것이다. 이것은 매우 안타까운 일이다.

정신을 차려보면 스스로 연설모드가 되어 있는 사람도

주의해야 한다. 상대의 이야기를 차분히 듣기만 하면 되는데 무언가에 쫓기듯이 일방적으로 말을 늘어놓는다. '문득 제정신이 들었을 때는 홀로 서 있는' 타입이다.

'일의 속도 개선이 목표인 것과 다른 사람의 이야기를 차분히 듣는 것은 상반된 것이 아닐까' 하고 의문이 드는 사람은 한번 차분한 마음으로 다른 사람을 대해보자. 그러는 편이 훨씬 이야기가 헛돌지 않고 정확하게 파악할 수 있으며 결국은 시간을 허비하지 않는 길임을 알게 될 것이다.

차분히 이야기를 듣는 것에는 좀 더 큰 장점이 있다. 상대가 자신을 신뢰하고 마음에 들어 하게 되는 것이다. 다행이라고 해야 할까, 불행이라고 해야 할까. 세상 사람들 대부분은 상대의 이야기를 들으려 하지 않는다. 서두를수록 더욱 그렇다.

컴퓨터와 컴퓨터로 주고받는 것이라면 무엇보다 빠르게 커뮤니케이션하는 것이 좋겠지만 사람과 사람 사이에서는 상대에 대한 배려와 깊은 관심이 필요하다. 이것 없이 정보만 얻으려 하면 상대는 이야기할 마음이 들지 않을뿐더러 경계 자세를 취하게 된다. 같은 회사 내에서도 마찬가지다. 때문에 일하면서 다른 사람의 이야기를 들을 때는 차분히 응대하는 것이 대전제다. 단, 사람에 따라서는 이를 잘못 받아들이고 이때다 싶어 계속 이야기하는 경우가 있다. 새로운 중요 정보에 대한 소식이라면 몰라도 앞의 이야기를 반복하거나 자신의 불만, 회사나 사회에 대한 고민을 털어놓는 경우라면 처음에 부탁한 시간이 되었을 때 정중한 태도로 빠르게 그 자리를 떠나는 편이 좋다. 마냥 좋은 사람이 되어서도 안 되는 것이다. 물론 사람들마다 가치관이 조금씩 다르므로 이 건에 대해서는 각각의 판단을 세워보자.

전달할 내용을
서너 가지로 메모한 후 말한다

회의에서 발언할 경우 혹은 1대 1로 전달할 사항이 있는 경우, 먼저 메모하고 나서 그 자리에 참석하는 것이 바람직하다. 길 필요는 없고 단순히 서너 가지 포인트 정도만 적으면 충분하다. 그것만으로도 마음이 차분해져 훨씬 효과적으로 전달할 수 있게 된다.

예컨대, 신상품 기획에 대해 발언할 경우는 다음과 같이 쓸 수 있다.

- 타깃 고객은 20~30대, 대도시에 사는 독신 남성.
- 고객 요구에 대한 파악 필요.

- ■ 10명 정도 먼저 인터뷰할 계획.
- ■ 발매는 4개월 후.

이 정도만으로도 효과적으로 설명할 수 있으며 잊고 해야 할 말을 빠트리는 실수를 범하지 않게 된다. 설명이 앞뒤가 안 맞고 종잡을 수 없어 반려되거나 다음 주에 다시 논의하게 되는 일이 줄어든다. 사소한 일이지만 업무 스피드 향상에는 꼭 필요한 방법이다. 어려운 이야기 이전에 일을 빠르고 정확하게 진행하기 위한 기본적인 행동 중 하나라고 생각한다.

메모를 했다면 그것을 보면서 순차적으로 이야기하자. 꼭 고개를 들고 시선은 앞을 향한 채 전할 필요가 없다. 강연이 매우 감동적인 오바마 대통령도, 커뮤니케이션이 뛰어난 베테랑도 요점을 적은 종이를 준비하거나 프롬프터에 띄우는 것이 보통이다.

메모지를 책상 위에 놓고 보지 않는 척하면서 발표할 필요도 없다. 손에 들고 '첫 번째~' '두 번째~' '그리고 세 번째~'라고 말하면 된다. 초조해하지 않고 말하는 것이 가장 중요하다. 1 대 1로 전달할 때도 마찬가지다. 손에 메모를

들고 가끔씩 보면서 말하는 편이 훨씬 정확하게 전달할 수
있다. 예컨대 이런 메모를 써둔다.

- ■ 이번 부탁의 배경.
- ■ 이번에 부탁하고 싶은 것.
- ■ 부탁하고 싶은 이유.
- ■ 이것을 받아들이면 얻을 수 있는 장점.

메모를 작성할 때는 상대의 심정, 반응을 어느 정도 상정
하고 쓰지만 막상 자리에 나가면 의외의 변수가 생기는 경
우도 많다. 그때도 메모를 활용하면 크게 당황하지 않고 차
선책 쪽으로 변경할 수 있다(차선책이 상정될 경우는 발표용 종이 아
래쪽에 준비해둔다).

이 훈련이 거듭되면 놀라울 정도로 임기응변 실력이 늘
것이다. 설명, 교섭이 한 번으로 끝나기도 한다. 익숙해져도
메모 없이 끝내려 하지 말고 반드시 요점을 써서 여유를 가
지고 참석하길 바란다. 자전거를 탈 때, 일부러 손을 놓고
운전할 필요는 없다.

전해야 할 내용을
솔직하게 전달한다

전해야 할 내용을 솔직하게 전달한다면 일을 빠르게 진행할 수 있다. 자신의 요구나 요망, 주의해야 할 점 등을 명확하게 전달하여 불필요한 작업을 줄이는 것이다. 괜히 조심하여 멀리 돌아가거나 말하기 어려운 것을 전달할 기회를 놓치거나 속이기라도 한다면 다음이 큰일이다. 상대의 의욕을 꺾고 신용을 잃게 된다. 일이 한번 잘못되면 만회하기 어렵다. 하지만 그 사실을 잘 알고 있음에도 마음이 약한 사람, 조금 무책임한 사람, 상대를 배려하지 못하는 사람은 그 자리만 면하고자 한다.

예컨대 기대하고 있던 멤버가 프로젝트의 끝까지 참여할

수 없어 시작 2개월 후 빠지게 된다거나 의뢰하려고 한 외주처가 일정이 바빠 다른 곳으로 변경해야 한다는 사실을 알았다면 바로 전달해야 함에도 불구하고 말할 기회를 놓치기도 한다. 결국 점차 안 좋은 방향으로 흐르면서 서둘러 대책을 강구하지 못한 결과 실수가 커지고 수습에 시간이 걸리게 된다. 스피드 향상과는 정반대되는 상황이라 하겠다.

이런 상황에 자주 놓이는 사람은 '솔직해진다' '말해야 할 것을 너무 많이 생각하지 않고 말한다' '나쁜 이야기는 특별히 더 정확하게 전달한다' '먼저 전달하는 편이 쉬워진다'라는 생각을 가지고 과감하게 전달해야 한다는 것을 항상 유념하자. 그러는 편이 훨씬 바람직하다.

솔직하게 전달했다가 무언가 안 좋은 일이 일어날 경우는 조심하는 것이 당연하다. 단, 대부분의 경우 안 좋은 일이 일어날 것 같기보다는 단순히 용기가 없어 말하지 않는 것뿐이다. 나쁜 말을 하는 역할을 맡고 싶지 않다거나 늘 좋은 얼굴을 하고 싶어서가 아닐까?

상대에게 솔직하게 전달하면 크게 기분이 상할 것 같다거나 프로젝트 자체를 망칠 수 있을 것 같다는 등 주의가 필요한 경우는 말했을 때의 장점과 단점을 적고 냉정하게 판단한다. 그럴 때는 혼자서 결정하지 말고 가능한 한 신뢰할 수 있는 동료 혹은 친구의 의견을 물어 결정한다. 그런 버릇을 들이면 일을 혼자서 끌어안는 일도 없어져 심리적으로도 편해지고 좋은 의미에서 바른 자세를 취할 수 있다. 결과적으로 우물쭈물하지 않게 되고 일 처리가 빨라진다.

합의한 내용을
서면으로 공유한다

일을 빠르게 진행하려면 상대와 합의한 내용을 그 자리에서 쓰고 읽으면서 확인하여 잘못된 부분이 없는지를 확인해야 한다. 그렇지 않으면 십중팔구, 어긋난 부분이 생긴다. 설마 이런 일로 이해의 갭이 생겼을 것이라고는 꿈에도 생각지 않았던 지점에서 어긋나버린다. 예컨대 다음과 같은 경우다.

  A: 그런가, 이 프로젝트는 앞으로 2개월 내에 어떻게든 끝내고 그 뒤의 일은 그때 결정하면 되네.

  B: 그런가, 이 프로젝트는 앞으로 2개월 내에 반드시 끝내고 그 뒤는 없다고 생각하는 편이 좋네.

이런 정도의 갭은 얼마든지 생길 수 있다. 이 갭으로 인해, A는 '2개월 내에 끝내지 않아도 어떻게든 되겠지'라고 생각해 여유를 가지고 일을 진행해나간다. B는 '무슨 일이 있어도 2개월 내에 끝내야 한다'라고 생각해 서둘러 진행하려 한다. 결국 스케줄, 사전 준비, 인원 배치, 중간 달성 레벨 등에서 큰 차이가 생기므로 분쟁이 발생하게 된다.

서면으로 확인하거나 구두로라도 합의 내용을 확인하지 않은 상태에서 "그럼, 잘 부탁드립니다" 하고 마치는 것은 매우 위험하다. 왜 그런 위험한 다리를 아무렇지 않게 건너는지 이해할 수 없다. 아마도 나태함 때문이 아닐까. 이런 오해는 전체적인 일의 속도, 성과에 크게 영향을 줄 수 있으므로 역시 최선의 노력을 다해야 한다.

서면상의 확인이 중요한 이유는 다음의 세 가지다.

- 합의했다고 생각한 시점에서도 상대의 이해도에 갭이 있다.
- 무엇을 합의했는지, 시간이 지나면 상대의 기억이 애매해져 상대에게 유리한 쪽으로 기억한다.
- 무엇을 합의했는지, 시간이 지나면 자신의 기억이 애

매해져 자신에게 유리한 쪽으로 기억한다.

첫 번째는 이미 설명한 대로 논의하고 합의했다고 생각한 시점에도 적잖은 갭이 있는 경우가 많기 때문이다. '설마 그렇게 이해할 리가 없어' '그런 식으로는 해석하지 않겠지'라고 생각해버리는 게 일상다반사다. 이것은 상대만 탓할 일이 아니다. 자신의 애매한 표현 또는 언어 그 자체가 지닌 의미의 다중성에 원인이 있다.

두 번째, 세 번째는 인간의 기억은 자신에게 유리한 쪽으로 얼마든지 바뀐다는 현실적인 문제가 있기 때문이다. '이것이었어. 틀림없어'라고 생각하지만 기억이 자신에게 유리한 쪽으로 변해간다. 자신의 기억조차 결코 믿어서는 안 된다. 어떤 키워드는 잊지 말아야지 하고 생각해도 어떤 문맥에서의 의미였는지 상대가 어떻게 받아들일 것인지 하는 측면에서는 매우 애매하다.

그러므로 합의한 시점에 반드시 서면으로 자료를 남기고 자신과 상대 모두 기억에 혼동이 생기지 않게 하는 것이 일하는 데 필요한 지혜다.

위에서 내려다보는 듯한 시선이 모든 문제의 근원

커뮤니케이션상의 문제 중에 가장 많이 보이면서도 심각한 것은 '위에서 내려다보는 시선'이다.

'위에서 내려다보는 시선'이란 자신이 우위에 있다고 멋대로 생각하고 깔보는 듯한 표정과 표현을 과시하며 상대의 우위에 서려는 것이다. 대놓고 상대를 매도하거나 욕설을 내뱉지는 않는다. 오히려 예의 있게 행동하지만 실제로는 상대를 우습게 여기고 있다.

'위에서 내려다보는 듯한 시선'으로 대하면 당연히 상대는 기분이 나빠진다. 뚜렷하게 매도하거나 갑질을 하는 것이 아니므로 불만을 드러내놓고 말하기도 어렵다. 갑질이라고 인사부에 호소할 수도 없다. 하지만 틀림없이 상대는 자신에게 적의를 느끼고 의욕을 잃어버린다.

만일 '위에서 내려다보는 듯한 시선'으로 사람을 대한다는 말을 한 번이라도 들은 적이 있는 사람은 최대한 주의하는 것이 좋다. 그런 태도를 취해서 좋을 것이 하나도 없기 때문이다. 심리적 균형을 되찾거나 자신감이 생기지도 않는다. 일이 잘 풀리지도 않고 비호감이란 인상만 줄 뿐이다. 그런 말을 들은 적은 없지만 주변이 삼가고 있는 것일 수도 있다. 입장이 위인 사람일수록 또는 학력이 우수하거나 지금까지 순조롭게 살아온 사람일수록 주의하도록 하자. 자신도 깨닫지 못하고 의식하지 못하는 사이 이런 실수를 하는 경우가 있기 때문이다. 그렇게 되면 업무 스피드를 논하기 이전에 심각한 문제가 된다.

그러면 왜 '위에서 내려다보는 듯한 시선'을 갖게 될까? 이것은 오히려 자신에게 자신감이 없고 마음에 여유가 없기 때문이다. 자신감이 없으므로 '위에서 내려다보는 듯한 시선'으로 상대를 대하여 그 자리만큼은 우월감에 젖고 싶어 한다. 그렇게 한다고 자신감이 생기는 것은 아니므로 정말로 의미가 없는 행동이다. 의미가 없을 뿐 아니라 결과적으로는 손해를 입게 된다.

자신감이 없는 사람은 그 사람의 능력이나 실적보다는 마음가짐으로 결정된다. 다른 사람이 선망하는 경력이나 우수한 실적을 올려도 애초에 자신감을 갖지 못하는 사람은 좀처럼 건강한 자신감을 가지지 못한다. 항상 불안하고 안정을 찾지 못해 더욱 순간적인 우월감을 통해 작게나마 마음의 안정을 찾는다. 그런 사람도 참 안쓰럽지만 상대에게 그런 대우를 받아야 하는 사람은 몇 배, 몇십 배 더 불쌍하다.

그러면 어떻게 해야 '위에서 내려다보는 듯한 시선'을 갖지 않을까? 이것은 '어떻게 하면 자신감을 가질 수 있을까?'와 같은 문제다. 스스로에게 자신감을 가지려면, 다음과 같은 제목으로 '메모 쓰기'를 한다.

- 자신은 무엇을 잘 하는가.
- 왜 자신감이 없는가.
- 어떤 경우에 특히 자신감이 없는가.
- 누구와 비교했을 때 자신감을 갖지 못하는가.
- 항상 자신감을 가지고 행동하는 사람은 누구인가, 그 이유는 무엇일까.

그렇게 수십 페이지의 메모를 적으면 자신이 무엇을 불안해했는지, 어째서 자신감이 없는지, 어째서 다른 사람을 공격하고 싶어지는지, 공격하면 어떤 생각이 드는지 등의 진심이 비로소 보이게 된다.

진심을 알게 되면 '뭐야, 이런 거였어'라는 생각을 하게 되어 조금 마음에 여유가 생긴다. 잘 모르는 불안과 압박감을 느꼈기 때문에 과도하게 공격적이 되었던 것을 깨닫는다. 불안을 숨기기 위해 공격적이 되고 '정중하고 친절'하다는 자신의 이미지를 잃고 싶지 않아 노골적인 매도가 아닌, 겉으로는 온화하지만 '위에서 내려다보는 듯한 시선'으로 사람을 대하게 되었음을 알게 된다.

자신에게 문제가 있을 수 있다고 깨달은 경우, 신뢰할 수 있는 사람에게 숨김없이 모두 털어놓고 상담하도록 하자.

또한 '자신보다 경험이 적거나 기술이 없다는 것과 사람으로서의 가치가 있고 없고는 전혀 상관이 없다' '무엇보다 자신과 함께 해주어 정말로 고맙다'고 생각하자. 당연한 일이지만 이것이 매우 중요하다.

철저하게 긍정적인
피드백을 한다

일을 빠르게 진행하는 사람은 긍정적 피드백에 뛰어나다. 긍정적 피드백이란 부하직원이나 팀 멤버가 좋은 결과를 냈을 때 칭찬하거나 감사하거나 치하하고 위로하는 것이다. 아무리 작은 일이라도 칭찬한다. 그 자리에서 칭찬한다. 과장되거나 교묘하게 조절하지 말고 진심으로 칭찬한다. 결과가 다소 부족해도 노력과 과정이 좋을 때는 "애를 많이 썼군!" "정말로 고생했네" "큰 도움이 되었어"라고 치하하고 위로한다. 상황이 안 좋을 때도 "이번에는 잘 안 되었지만 다음에는 이렇게 하자. 그렇게 하면 잘될 거야"라고 격려한다.

요컨대 어쨌든 긍정적으로 밝게 대하는 것이다. 어쩔 수 없는 일이라고 생각하지만 직장 내 상사나 팀 리더 중에는 칭찬에 인색한 사람이 너무 많다. 기업 조직을 체육 회계적으로 인식하는 경향이 강해, 칭찬하면 나태해지거나 우습게 보일 것이라고 생각한다. 좋든 싫든 '엄하게 대하는 편이 나태해지는 것을 막고 엄격한 지도가 부하직원의 성장을 돕는다'라는 전통적인 가치관을 물려받은 것이다.

이것은 낡은 사고방식으로 지금은 전혀 통하지 않는 방법이라고 생각한다. 사실 과거에도 결코 바람직한 풍조는 아니었지만, 폐쇄적인 사회 속에서 어떻게든 끝까지 버텨냈을 뿐이다.

누구나 칭찬이나 감사의 말 혹은 위로를 받으면 기분이 좋아진다. 그러는 편이 훨씬 의욕이 솟는 데 도움이 된다. 좀 더 노력해야겠다는 생각을 하게 한다. 상사 혹은 리더를 위해, 이 사람을 위해 좀 더 나은 성과를 올리고 싶다고 생각하는 것이 자연스런 감정이다.

단, 상사는 충분히 칭찬을 했다고 생각하거나 고마움의 마음을 가져도 부하직원은 전혀 칭찬받았다고 느끼지 못하는 것이 보통이므로 충분히 표현해야 한다. 결과가 좋지 않았을 때는 본인이 가장 잘 알고 후회를 한다. 다음에는 어떻게든 만회하겠다는 다짐도 한다. 그런데 그렇게 잘 알고 있는 본인에게 지적을 하고 심하게 욕을 한다면 의욕이 생길 리 없다.

욕을 먹고 나서 적의를 가지고 '이런 젠장, 두고 보라고' 하며 분발하는 경우도 분명 있겠지만 그것은 너무나 바람직하지 않다. 당장은 분한 마음에 결과를 내지만 앙금이 마음속에 남게 되어 업무에 방해가 되거나 기회가 생기면 전직을 고려하게 된다.

한편 갑자기 긍정적인 피드백을 하게 되면 지금까지와는 다른 태도에 사람에 따라서는 '그럴 리가 없어' '뭐지? 다른 생각이 있는 거 아냐?' 또는 '윽, 기분 나빠. 괜찮을까?' 하고 반응이 다양하겠지만 그것에 기가 죽으면 안 된다. 속으로는 기뻐하는 사람이 압도적으로 많을 것이다.

물론 속으로는 '이 사람은 안 돼'라고 생각하면서 겉으로만 아닌 체해도 바로 알아차린다. 기분을 숨기는 것은 절대로 불가능하다고 생각하는 편이 낫다.

그렇지 않고 작은 일이라도 감사의 마음을 가지면 자연히 긍정적인 피드백이 가능해진다. 부하직원을 교육하는 것이 자신의 책임이라고 생각하면 '지옥에나 떨어져라'라는 식의 부정적인 기운을 발산하지 말고 '다음에는 이렇게 하면 돼'라는 식의 긍정적인 마음을 가지고 이를 표현하자.

기업의 경영 개혁 프로그램에서 부서장의 적극적인 피드백 트레이닝을 실시한 적이 있다. 그때 자주 받은 질문이 "칭찬하면 나태해지지 않을까요?" "게으름을 피우지 않을까요?" "나는 칭찬을 받은 적이 한 번도 없었는데요"라는 것이다. 이것에 대해서 나는 "그건 쓸데없는 걱정이므로 안심하고 긍정적인 피드백을 해주십시오. 적어도 부하직원이나 팀에 감사의 마음을 가져주세요. 잘못을 했을 때 무리하게 칭찬하라는 말이 아닙니다"라고 말해 그동안 단단하게 구축되어 있던 벽을 허물도록 유도했다. 부하직원에게 칭찬과 위로 또는 감사 표현을 했을 때 반응이 어땠는지 자신은 어떤 느낌이었는지 부서장끼리 공유하면 다양한 것을 발견할 수 있으며 부하직원의 행동에도 변화가 생긴다. 무리해서라도 한두 번 긍정적인 피드백을 해보면 바로 좋은 반응을 보이므로 모두 매우 기쁜 얼굴로 공유하도록 하자. 그리고 나부터라도 긍정적 피드백을 계속하면 다른 사람들도 더욱 긍정적으로 피드백하는 데 익숙해질 것이다.

언제 칭찬해야 할까? 한꺼번에 칭찬하려 하면 타이밍을 놓칠 수 있으므로 깨달았을 때 바로바로 주저하지 말고 긍정적으로 피드백하는 것이 좋다. '부자연스럽다고 생각하지 않을까'라는 걱정은 전혀 할 필요가 없다.

내가 권장하는 방법은 매일, 긍정적인 피드백을 몇 번 했는지, 바를 정(正)을 써서 횟수를 세는 것이다. 매일 10번 이상 말하려 노력하면 부하직원 또는 팀 멤버와의 관계가 좋아지고 성과도 낼 수 있게 된다. 결과적으로 일의 스피드가 눈에 띄게 향상된다. 물론 사생활에서도 극적인 효과를 발휘한다.

피해야 할
사람도 있다

마지막으로 일의 스피드를 향상시키는 데 혹은 커뮤니케이션의 실수를 없애는 데 중요하지만 조금 말하기 어려운 점을 짚고 넘어가도록 하겠다. 다음 세 종류의 사람은 피하는 편이 좋다는 것이다.

- 정말로 궁합이 나쁜 사람.
- 악의가 있는 사람.
- 조금 병적으로 행동하는 사람.

사람과 사람 사이에는 분명히 궁합이 있다. 궁합이 좋은 사람과 함께 있으면 기분이 좋고 즐겁고 편하며 이야기가 통한다. 궁합이 나쁘면 기분이 나쁘고 이야기가 일일이 부딪치며 판단이 달라 함께 일하기가 어렵다. 그중에서도 정말로 궁합이 나쁜 사람과는 도저히 함께 일을 할 수 없다. 선입견을 가지고 대하면 안 되지만 아무래도 잘 안 되는 경우는 피하는 편이 낫다.

궁합이 나쁜 것을 넘어 악의를 가지고 대하는 사람도 있다. 나의 지나친 생각이 아니라 확실히 일을 방해하거나 무언가 파괴적인 행동을 한다. 험담을 하거나 있는 말, 없는 말을 가리지 않고 만들어내기도 한다. 스피드 향상은커녕 일이 잘 풀리지 않고 내 마음도 갈기갈기 찢어진다.

또한 조금 병적으로 행동하는 사람도 있다. 내가 아무리 노력해도 방해하며 나쁜 쪽으로만 몰아간다. 아무리 인간관계를 회복하려 해도 개선할 방법이 없다. 호의를 베풀어도 언젠가는 반드시 반격을 당하고 점점 진흙탕 싸움이 된다.

몇 번 이야기해도 그때마다 안 좋게 생각하는 상대, 매번 말꼬리를 잡고 치근치근 달라붙는 상대, 어떻게 말해도 결국은 내가 나쁘다는 결론만 내리는 상대, 왠지 항상 거짓을 말하는 상대와는 진지한 관계를 맺지 않는 편이 좋다.

이런 상대는 대부분 문제의 모든 원인이 내 탓이라고 주장하고 대부분의 경우 그것을 굳게 믿는다. '내가 나빠서 기분이 나쁘다' '내가 안 좋게 생각하고 있다'라고 생각하게끔 행동한다. 짐작이 가는 증상에 관해 인터넷으로 조사하면 상세한 설명을 바로 찾을 수 있다.

만일 그렇다면 피하는 수밖에 없다. 달리 뾰족한 방법은 없다. 접촉 그 자체가 재앙을 부르므로 온 힘을 다해 가장 빠르고 단호하게 선을 긋고 상대에 관해 일체 어떤 것도 상관하지 않는다.

거래처의 핵심 인물이라면 그곳과는 거래하지 않는다. 이쪽의 인간성을 부정하는 상대와 사업을 해도 다른 길이 없기 때문이다. 만일 그것이 자신의 상사라면 동료에게 확인해 자신만의 문제가 아님을 파악하고 어떻게든 상사의 상사와 상담한다. 그래도 안 된다면 인사부에 상담하여 부서를 바꾸도록 한다. 그래도 안 된다면 직장을 옮긴다. 만일 그런 사람이 여러분의 연인, 남편, 아내라면? 이것은 어려운 문제지만 참아서 될 일이 아니라고 생각한다.

이런 것은 일의 스피드 개선 이전의 문제로, 인생을 파괴하게 된다. 꼭 '자신이 나쁘다, 자신의 탓으로 이렇게 되었다'가 아니라 주변에 바로 상담하여, 재충전하고 분발할 수 있는 적극적인 환경을 만들도록 한다. 일의 스피드 향상은 그 이후의 문제다.

어떠한가. 내가 맥킨지에 입사한 이후 매일 축적해온 업무 속도 개선의 노하우를 이 책을 통해 가능한 한 상세하게 공개했다. 스피드 향상의 열쇠는 '업무의 스피드 향상에는 한계가 없다' '사고의 스피드 향상에는 한계가 없다'는 신념을 가지고 할 수 있는 모든 창의적 시도를 계속하는 것이라 생각한다.

창의적인 시도를 계속하면 아이디어가 아이디어를 부르고 업무 또한 점차 개선되어 나간다. '서론'에서 말했듯이 나의 일은 매일 늘어나고 있는데도 어떻게든 대응해가고 있는 것은 스피드를 개선하고 생산성을 높이는 데 자신감을 가지고 있기 때문이다.

독자 여러분에게도 꼭 이런 새로운 시도와 방법들이 참고가 되길 바란다. 방법의 구체적 내용은 각자의 선호도, 가치관, 스킬 등에 따라 크게 다르겠지만 계속 시도하고 도전하는 한 반드시 성장할 것이다. 꼭 보람찬 하루하루를 보내길 바란다. 여러분 모두 자신의 인생, 또 사회 전체를 활기차게 이끌어나가자.

업무 속도를 극한까지 올리는 스피드 사고의 힘

1등의 속도

초판 1쇄 인쇄 2016년 9월 5일
초판 1쇄 발행 2016년 9월 9일

지은이 아카바 유지
옮긴이 이진원
펴낸이 김선식

경영총괄 김은영
사업총괄 최창규
기획·편집 박지아 **디자인** 김희연 **크로스교정** 봉선미 **책임마케터** 최혜령
콘텐츠개발1팀 한보라, 박지아, 봉선미, 김희연
마케팅본부 이주화, 정명찬, 이상혁, 최혜령, 양정길, 박진아, 김선욱, 이승민, 김은지
경영관리팀 송현주, 권송이, 윤이경, 임해랑, 김재경

펴낸곳 다산북스 **출판등록** 2005년 12월 23일 제313-2005-00277호
주소 경기도 파주시 회동길 37-14 2~4층
전화 02-702-1724(기획편집) 02-6217-1726(마케팅) 02-704-1724(경영관리)
팩스 02-703-2219 **이메일** dasanbooks@dasanbooks.com
홈페이지 www.dasanbooks.com **블로그** blog.naver.com/dasan_books
종이 한솔피엔에스 **출력·제본** 갑우문화사

ISBN 979-11-306-0969-0 (03320)

다산북스(DASANBOOKS)는 독자 여러분의 책에 관한 아이디어와 원고 투고를 기쁜 마음으로 기다리고 있습니다.
책 출간을 원하는 아이디어가 있으신 분은 이메일 dasanbooks@dasanbooks.com 또는 다산북스 홈페이지 '투고원
고란으로 간단한 개요와 취지, 연락처 등을 보내주세요. 머뭇거리지 말고 문을 두드리세요.